大夏书系·有效德育

学校德育与
班主任专业成长

齐学红 著

华东师范大学出版社
全国百佳图书出版单位

江苏省教育科学"十二五"规划重点资助课题"班主任专业化的社会支持系统构建"（课题批准号：B-a/2015/01/013）研究成果

目录

序 批判与建构：学校德育与班主任专业成长研究的路径探索 / 1

第一辑
学校德育研究

1. 基础教育改革的制约因素及作用方式 / 3

2. 社会治理模式变迁与道德教育改革 / 15

3. 道德教育改革中的教师及其角色困境 / 26

4. 在生活化的旗帜下：道德教育改革的话语实践 / 37

5. 学校德育的社会建构

　　——兼论道德批判的困境 / 50

6. 漫谈学校德育的功能定位 / 60

7. 道德教育实践的话语分析

　　——讲道理与讲故事 / 63

8. 师德该如何"丈量" / 68

9. 中小学品德评价存在的误区及其改革对策 / 70

10. 有效道德学习的课堂建构策略 / 80

第二辑
班主任制度与班主任专业化成长

11. 班主任制度与班主任教师的身份建构 / 89

12. 班级管理体制改革的创新实践
　　——透视一所学校的班改实验 / 99

13. 班级管理体制改革中教师角色的转变 / 108

14. 班主任社会支持系统的建构 / 112

15. 我国班主任工作状况调查 / 119

16. "班主任专业化"别议 / 127

17. 回归教育：班主任专业化的本质义涵 / 133

18. 知识抑或修养：班主任专业化的价值诉求 / 139

19. 教育反思促进班主任专业化成长 / 146

20. 班主任专业化的理论支持系统
　　——班主任的"理论"从何而来 / 152

第三辑
班主任的实践智慧

21. 同伴互助与班主任的职业幸福感 / 163

22. 今天，我们该向优秀班主任学什么 / 170

23. 班主任工作感觉孤立无援，该怎么办 / 175

24. 班主任的时间意识与教育人生 / 178

25. 树立师生关系的学生立场 / 181

26. 班主任的教育情怀从何而来

　　——基于 10 位优秀班主任的成长探究 / 184

27. 班主任的专业素养与班会课

　　——兼论什么是好的班会课 / 192

28. 在冲突与融合中建设现代班级文化 / 198

29. 班级教育空间的有效拓展

　　——班会课主题化系列化的实践探索 / 204

30. 班级社会空间：作为一种隐蔽课程的道德教育 / 210

31. 规矩与方圆

　　——重新解读"班规" / 217

序

批判与建构：
学校德育与班主任专业成长研究的路径探索

学校德育与国家意识形态之间特殊的关联性，使得学校德育研究处于实践场域与理论场域之间的隔离地带，表现为实践话语的繁荣与学术研究的缺失。班主任作为实施德育工作的中坚力量，作为德育工作者的特殊身份，同德育在学校地位的特殊性紧密相关，使得学校德育与班主任的身份建构成为一体两面的存在样态。在这种背景下，如何剥离来自国家意识形态以及学校内外部各种社会力量附加在学校德育和班主任身上的非教育甚至反教育的作用和影响，还原学校德育和班主任工作应有的教育品质，是我长期以来致力于该项研究的目标所在。即从"结构与行动"的理论视角出发，围绕批判与建构两个目标，通过对学校德育和班主任专业发展现状的深入剖析，揭示现代学校制度设计与德育工作者的主体作用发挥之间的矛盾与张力，进而实现对学校德育实践的积极干预与影响。

为此，该书围绕学校德育和班主任专业成长中的"是什么""为什么""怎么样"三个本源性问题，从批判与建构两个维度出发，开展了三项基础性研究工作：对学校德育现状和班主任专业发展现状的调查研究、对当下学校德育和班主任专业发展存在问题的社会学分析与批判，以及基于基础教育改革和学校道德实践中的典型案例开展的实践建构，进而对改变当下学校德育实践提供可资参考与借鉴的实践文本。

具体而言，本书共包括三部分内容。

第一辑：学校德育研究。尝试从社会治理模式变迁和基础教育改革的宏观背景思考道德教育改革面临的问题，主要围绕两个方面的问题展开。第一，回归生活的道德教育改革如何从理论建构走向具体的教学实践，这是教师的角色意识和身份建构问题，即"谁是道德教育者，是学科教师还是班主任？"涉及教师的话语方式转变以及有效道德学习的课堂建构策略。第二，道德教育实践中最具制约作用和价值引领作用的评价问题，例如教师的师德能否评价、如何评价，科学合理的学生品德评价如何实施等问题。

第二辑：班主任制度与班主任专业化成长。在对我国班主任队伍现状进行调查研究的基础上，从制度设计的角度分析班主任制度下班主任的角色建构和身份认同困境，即德育工作者的角色定位与专业身份缺失、班主任与学科教师的角色分离、对学生全面负责的管理者身份、对学校简单服从的执行者身份。在此基础上，提出班主任专业化的价值诉求在于回归教育的本质内涵，进而提出构建班主任专业化社会支持系统的理论命题，分别从班主任专业化的外部支持、内部支持、心理支持、专业支持等层面加以深入探讨。

第三辑：班主任的实践智慧，主要由《班主任》杂志《我该怎么办》栏目的约稿文章构成，从实践层面回应班主任工作中遇到的一系列现实问题，如：向优秀班主任学什么，如何学习？班主任如何进行时间管理？如何实现自我反思与专业化成长？什么是好的班会课？如何进行班级文化建设？班主任的教育情怀从何而来？……希望能对一线班主任审视与处理班主任实践层面的问题，提供一定的理论参考，进而提升班主任的研究意识和研究能力，促进班主任教师的专业成长。

当然，整个写作过程也是自己在高校的学术评价体制下苦苦挣扎，并为自己的教育理想和信念而坚守，同时也是被广大的一线班主任激励、鼓舞而不断成长的过程。没有广大班主任教师的期待和激励，也不会有这些研究成果的诞生。其中，尤其感谢《班主任》《教育科学研究》《中小学德育》等杂志提供的学术交流平台，使得我的这些研究成果能够及时与读者见面。

作为一位长期从事学校德育与班主任专业成长研究的理论工作者，一直困扰我的一个学理性问题是，始终无法化解知识取向下的学科分类惯习对学校德育研究的肢解，正如西医对中医的肢解一样。学校德育要提高自身地位，似乎只有走学科化的发展道路，而作为科学研究对象的学科德育，与实践层面的学校德育工作已是两个概念，正如中医与西医的研究对象相同，但操持着截然不同的概念和分类体系一样。集复杂性、混合性、变异性为一体的学校德育，集中体现了教育中的人文性的一面，而不是科学性的一面，这是中华传统文化整体性思维的具体体现。在此意义上，学校德育存在的合理性与文化自信、文化自觉尚未建立起来，这正是德育工作者需要长期努力的目标所在。

作为学校德育工作者与班主任老师，如何克服在长期的教育实践中已经固化的经验性思维和实践惯习，不断增强自身的研究意识，提升科学化水平，同时又不落入科学分类体系的窠臼；在西方科学分类体系下如何建立道德教育研究的文化自信，恰恰是"立德树人"背景下中国学校德育问题的具体体现。为此，需要理论工作者和实践工作者的共同努力！

齐学红
于南师大随园校区
2017年12月3日

第一辑

学校德育研究

1. 基础教育改革的制约因素及作用方式^{*}

基础教育改革作为社会变革的重要组成部分，因涉及家庭、学校、社区等社会生活的诸多层面以及相关个体、群体的切身利益，在备受世人关注的同时，也因多方利益群体的介入而变得异常复杂。在构成基础教育改革的总体性社会事实中，既包括以政令法规方式表达的至高无上的国家利益、作为具体执行者的从中央到地方各级教育主管部门的利益、作为改革直接参与者的学校以及教师利益，也包括作为改革后果直接承担者的学生及其家长的利益，同时，还包括教育相关部门或产业，如新闻媒体、出版发行、各级各类培训机构等的经济利益。改革总是与人的现实利益相关联，不同的人或利益群体对待同一项改革的态度也各有差异，进而成为新的利益再分配或关系重组的合法化机制。改革并非在基本目标或改革理念上普遍达成共识的结果，而是多方利益集团矛盾斗争进而达成部分妥协的结果，因而，导致改革的进程变得愈加艰难、曲折复杂，其中充满了诸多不确定因素。本文主要分析基础教育改革进程中的诸多制约因素及其作用方式，进而揭示基础教育改革的行动逻辑及其现实可能性。

---

* 本文系全国教育科学规划"十一五"教育部重点课题"学校道德教育改革的社会学研究"（课题批准号：DEA060106）的阶段性研究成果之一。

一、知识与权力：专家系统的作用

在基础教育改革呈现出的利益纷争的表象背后，往往隐含着话语权之争、知识与权力之争，即"谁的知识、何种知识最有价值"。教育改革往往首先体现为知识变革或思想观念的变革，而专家系统无疑成为这场思想观念变革中的主体性力量。专家系统成为基础教育课程改革的主要推动力量，仅从专家队伍的年龄构成及其知识背景来看，老一代主要接受的是马克思主义理论与社会主义学说，作为新中国教育改革的建设者和亲历者，他们对改革大多持温和的改良态度，所持观点基本上是建设性的，认为教育虽然存在问题，但这些问题并不能采用简单的推倒重来的方式解决。而参与改革的年轻一代，主要接受的是全球化背景下西方教育传统的影响，他们对西方教育思想的了解胜过对本土文化的了解，进而更多地采取拿来主义的态度，在将西方课程体系运用于中国实际的过程中，往往缺少对中国国情的深入了解与把握，对待改革大多持激进的改革立场，将中国的教育改革作为西方"先进"教育理念和思想的"试验场"。从参与其中的利益导向来看，改革是年轻一代登上历史舞台的机遇和挑战，因而更多地站在自身阶级阶层的立场上，作为课程改革专家所拥有的话语权往往使其自身利益得到最大化。作为中产阶级的代言人，他们大多希望自己的子女尽享课程改革的成果，学校教育对自己的子女更加宽松、灵活与开放，学校教育能够传递所属阶级阶层的身份文化，如文明礼貌、待人接物、对外交往等，因而，他们更加看重课程知识之外的社会性学习。课程改革越来越把学生家庭所拥有的社会资本、文化资本以及政治资本推向前台，放大了学生家庭的阶级阶层差异，进而将劳工阶级阶层的学生置于明显的劣势地位。例如，江苏省近年来频繁出现的高考方案改革，被誉为"高考之痛"，引起了广泛的社会关注。江苏省2006年出台的高考方案中，三门考试科目（语文、数学、外语）中，语言占了两门，这一方案在基础教育领域引起了很大反响，被认为是代表了城市学生的利益，因为语言学习需要良好的社会外部环境与氛围，而广大的农村学生则缺少相应的社会资源。

专家系统之所以成为课程改革中唯一的合法性知识，除了因应了国际教育发展的大趋势外，还在于它主要反映了社会中上阶级阶层的利益，进而导致改革向着有利于中上阶级阶层的方向发展。在改革进程中，专家系统的作用除了表现为拥有更多的话语权外，还具体表现为对于社会资源的主动获取，自觉加入"改革就是分蛋糕"的利益纷争之中。无论在形而上的知识观、价值观层面，还是形而下的权利与利益层面，专家系统都构成改革场域中一种不可或缺的社会力量。专家系统的作用具体体现在理论工作者与实践工作者、高校教师与中小学教师的关系中，这一关系在现实中更多地被建构为一种供需关系或利益关系。具体而言，专家的作用表现为一系列的名师打造工程，如名校长工程、特级教师工程、学科带头人工程，以及"人民教育家培养工程"。

为加强中小学高层次人才队伍建设，江苏省教育厅日前启动"人民教育家培养工程"，今年起，将为200名教育理念新、科研能力强、专长突出、风格鲜明、发展潜力大的中小学教师和校长提供发展平台。

江苏省教育厅有关负责人表示，实施这项工程的目的是打造一支具有示范引领作用的教育家队伍，带动和促进全省中小学师资队伍水平的整体提升，为此将围绕修炼师德修养和人文精神、更新教育教学理念、创新教育教学理论和方法、增强教育教学科研素养、提升学校管理能力等方面内容，对受训教师进行重点培养，使他们的教育理论素养和创新实践能力得到全面提升，为成长为社会公认的人民教育家奠定基础。培养工程将采取专家引领和自主研修相结合、理论学习和实践锻炼相结合、国内培训与国外培训相结合的方式开展。

据介绍，"人民教育家培养工程"的培养对象为在职的中小学教师和校长，年龄在50岁以下、具有江苏省特级教师称号，工程培养周期为5年。

江苏省教育厅将与培养对象签订目标责任书并定期进行考核。今年首批拟选拔人民教育家培养对象50名，其中教师30名、正职校长20名。[1]

"人民教育家培养工程"作为江苏教育的创新之举，备受社会舆论和媒体关注。继2009年9月启动第一批"人民教育家培养工程"之后，2011年3月又启动了第二批培养对象评选工作。从学科带头人、特级教师再到"人民教育家培养工程"，在这一系列名师培养工程的背后，专家的力量被放大了。这些被行政力量裹挟其中并作为共谋的专家力量，在参与标准研制、过程管理与培养、效果的评估与评价等技术流程的全过程中，在与之结成的关系链、利益链中，其工具理性的价值得以最大限度地发挥。工程式话语及思维，将专家的作用定格并建构成为按图施工的技术工人、工匠，或精于成本核算的文化商人，面对这样的专家系统和角色扮演，人们往往很难与"人类灵魂的工程师"这一称号之间建立起联系，尽管同样使用了"工程"一词。毋庸置疑，在这一系列名师打造工程的背后，隐含着专家与名师之间的相互依存关系以及利益驱动。"专家与名师"进而成为一个"利益共同体"，至于名师工程自身的合理性、"名师能否打造，谁来打造"这样的实质性问题，往往为一系列现实的利益关系所取代，进而被悬置起来。名师需要高校专家的品牌效应，而这些高校专家所拥有的学术资源，则可以为他们带来诸多实惠，如在课题评审、发表论文方面，或是给予直接指导，或是推荐论文发表，或是通过关系获得较高级别的课题立项以及课题评审评奖等。作为名师培训者或打造者，高校专家从中获取的个人报酬又往往与学校的品牌效应成正比，即学校名气越大，教师的报酬越高，而与教师的个人学术水平或职业操守并无必然联系；教育行政部门主要充当联系人的作用，打造名师则作为其政绩工程的重要内容。名师的评价标准往往量化为一系列的具体指标，如发表一定数量的论文、获得何种级别的研究课题、开设一定数量的公开课等。在这样一种单一的供求关系中，作为教育主管部门或"准名师"，他们的目的可谓明确而具体，而专家除了将自己的知识转化为现实的生产力外，对于自己的专业发展未必有所助益，往往或被迫或主动地扮演一个被剥夺、被榨取的劳动力角色。高校教师与一线教师之间形成的建设性的伙伴互助关系，往往为一系列功利化的现实目标所扭曲或消解了。

二、权利与利益：学校的现实考量

在基础教育改革中，任何一项政策的出台都可能涉及多方利益群体，可谓牵一发而动全身，如学区划分、中高考方案、加分政策等。在这种情况下，作为社会组织的学校往往直接面对学生、家长以及相关利益群体的不同需要，进而成为社会矛盾和问题聚焦的主要场所。对学校而言，在校长负责制的管理体制下，兼具决策者和执行者等多重身份的中小学校长，往往需要同时面对来自社会、家长、学生、教育主管部门等诸多方面的重重压力。在一定意义上，学校、教师、学生、家长往往是被捆绑在一起的，进而被建构成为一个"利益共同体"。在基础教育改革中，学校必须站在大多数人的立场上，而不是某个阶级阶层的立场上考虑问题。

（一）考试化生存：学校改革的"名与实"

在中国当下的学校教育实践中，任何改革都必须以不影响学校的升学率为前提，升学率的高低既是上级教育主管部门衡量和检验学校发展的硬指标，也成为衡量一项改革成败的重要依据。改革必须是低成本或零成本的。从教育管理的角度考量，即必须把改革的风险降到最低。这里的风险首先表现为一个运转良好的教育教学秩序，即学校不能乱，一乱就要出问题。因此，学校总是把校园安全放在头等重要的位置。为此，国家出台了一系列关于校园安全问题的规定，各级各类教育行政部门更是层层落实，不敢有丝毫懈怠。为了保证校园安全，许多学校可谓因噎废食，一切外出活动包括学生的春游、秋游都一概取消。而与之悖谬的是，为了能把学生的成绩搞上去，学校可以不计一切成本和代价，包括牺牲学生的休息时间和身心健康。因此，一切可以达成学校升学目标的举措都可冠以改革的名义，进而作为学校教育创新的典范。

升学考试成绩成为各级各类教育行政部门对学校、教师评价的唯一指标，在评价标准的唯一性以及由此导致的愈演愈烈的升学竞争中，学校变成竞技场，为了达到目的可以不择手段，不惜以牺牲学生的身心健康为代价。但是，学校教育一旦危及学生的身心健康，又会承受来自学生家庭、社会的普遍压力。于是，以全面关心学生身心健康名义出现的学校德育工作成为学校面对社会外界舆论宣传时必不可少的文饰，即锦上添花之术。关注学生的身心健康不是学校教育的本意，而是学校正在实施的一系列强制性、压制性教育手段和措施的自我合法化的借口和自我辩护的口实。于是，哪个地方升学考试成绩"上了卫星"，那里的学校德育工作就会被总结或创造出一种模式，供全国各地的学校"顶礼膜拜式"地学习取经，进而采取简单的"拿来主义"的做法，活学活用，最终达到大面积提高升学考试成绩的目的。

（二）行政化管理：学校的"有为与难为"

行政化管理意味着学校一切工作必须纳入整个教育系统的统一管理中，尤其要体现为教学服务的目的。在一定意义上，现代学校更像是政府机关的一个部门而不是独立的办学单位。学校除了日常的教育教学工作外，另外一项重要的工作就是应对来自上级教育主管部门的各种评比检查。在教师眼里，评比检查就是做材料，就是公开作假。于是，越是名校，各类评比检查、活动就越多，教师在获得更多展示机会的同时，负担和压力也随之增加。

最近学校在迎接上面的卫生评比检查，其中一条是要求学生做到每天刷牙两次，但是我在班上调查发现，绝大多数学生每天只刷一次牙。我在班上一再叮嘱学生，如果有人问你们每天刷几次牙，你们一定要说两次，不然就会影响我们班的荣誉,还会影响到我们年级、学校甚至是我们区的荣誉。我们平时教育孩子要诚实,但是面对上面的各种检查,却不得不教学生欺骗、撒谎,尤其是面对小学低年级的孩子,这么小的年龄就教他们说谎,作为老师,我真的很矛盾,也很痛苦。有一次,我们应上面的要求开了一堂公开班会课,搞了一些活动,孩子们很开心。下课后,一位同学兴犹未尽,问:下次我们班还搞这样的活动吗?另一位同学颇有城府地嘲笑道:真傻,你以为还有下次吗?这都是表演给人看的。①

这样的场景在中小学场域中可谓司空见惯,也在时刻拷问着每个教育者的良知。专家可以对改革、素质教育发表不同的意见,教师、学生则需要确定无疑的判断,究竟什么是素质教育、什么是教育改革,校长需要旗帜鲜明地亮出自己的观点,需要有清明的思想,要比教师站得更高、看得更远。面对各不相同的专家意见,面对来自教育主管部门的各种命令、指令以及对学校下达的逐年攀升的升学指标,面对媒体因商业化需要对改革做出的有意无意的误读与曲解,面对不断恶化的社会环境与学校生存环境,广大中小学校长、教师只能在夹缝中求生存。一味抵制来自上级教育行政部门的那些明显违背常识甚至是反教育的做法,势必以失败而告终,反而不能坚守已取得的改革成果,唯一的选择是在妥协中求生存。学校教育无论能否有所作为,都绕不过行政化管理这条封锁线或高压线。

三、"搭便车"现象:技术力量的介入

在基础教育改革取得的一系列成就中,现代教育技术的广泛运用成为最容易显现的物化成果之一。其中,制作课件成为参加各类公开课、赛课活动的必要条件,对技术手段的外在要求代替了教育观念、教学内容的实质性变化,形式的意义超越了内容的意义。或者说,教育改革所取得的一系列成果

---

① 选自 2011 年 11 月 30 日在江苏句容举办的班主任高层论坛上一位班主任的发言。

是以全新的技术包装、崭新的表现形式登台亮相的。

某中学作为小班化试点学校，参与了一项区教育局教研室的现代化教育技术课改项目，为此可以得到教研室投资的最新电子白板技术设备，条件是作为该项研究的参与者，要为全区教师上一堂电子白板技术的示范课。为此，校长带领开课教师在开课前一周时间集中研究、学习该项新技术。这堂由教研室主任亲自执教的政治课，因教师对这一新技术的不熟悉，师生被技术牵着鼻子走，进而受到技术的控制，并没有发挥出该教师已有的教学水平。学生则完全被这项技术吸引，全然不知如何配合教师的教学要求。

在这堂现代教育技术的示范课上，为了使电子白板技术在课堂教学中得到运用，教师在没有新技术介入的情况下本可以收放自如的政治课，最终结果是技术成为套在教师学生身上的枷锁。技术不再是教育教学的手段，而是目的本身，即为了技术而技术。据介绍，这项新技术是从加拿大引入的，而作为负责引进这项新技术的管理部门——该市电教馆有推广这项新技术的任务。于是，便出现了上述以改革之名让现代教育技术"搭便车"的现象。技术背后隐含的部门之间的利益驱动及利害关系，使其具有了超越自身的力量，成为改革合法性的借口。而经过技术包装的教学改革成果以其全新的表现形式和科技含量，凸显了小班化教学改革的技术优势，率先使用这项新技术的学校进而成为现代教育技术的窗口学校，吸引了越来越多的社会关注。而对于教师和学生而言，改革则意味着承担来自方方面面的额外负担，改革不是作为一种解放的力量，而是压迫的手段。对于教育改革成败的评价总是落在教师身上，教师往往成为替罪羊。各种制度性的屏障，致使在改革进程中作为底层的教师和学生的声音无法表达，呈现在人们面前的是作为"沉默的大多数"的教师和学生日渐恶化的生存环境，以及花样不断翻新的作为政绩工程出现的教育改革成果。

四、直接与间接：行政力量的推动

在改革进程中，一种思想观念要想转化为现实，仅仅依靠个人的力量是难以实现的，必须借助教育行政的力量。即使是教育决策出自上层，要想令行禁止，也必须依靠上传下达式的逐级落实，这就涉及一个庞大的官僚机构的运行逻辑。从政策制定到政策执行的过程中往往会发生两种变异现象：信息的流逝或信息的曲解。[2] 即在具体的执行过程中，会因执行者对政策理解的差异，有意无意地发生对政策本意的扭曲。这里既有"上有政策下有对策"式的有意为之，也存在每个人因对同一政策的理解差异而导致的无意识曲解。

在一项题为"区域推进班主任专业化的实践探索"的国家级课题研究中，区教育局分管德育的副局长作为课题负责人，课题组成员主要由分管区域内中小学德育校长组成，一线班主任无一人参与。这样一项完全借助教育行政力量推动的课题研究，因缺少一线教师的参与，更因分管德育校长的普遍不作为，所谓研究就成为学校领导们在一起开开会、吃吃饭、打打牌。所谓课题研究成果只能是搞一些花架子、做一些表面文章，既无法真正吸纳一线班主任开展研究，更不能使研究成果惠及一线教师。这样一种以教育行政方式开展的课题研究，尽管可以做到令行禁止，却无法使研究落到实处。对于这位分管德育的副局长而言，抓出一些德育特点、树立一些学校典型，无疑成为其政绩工程的重要体现。当课题研究、学术交流的信息传达到教育局长那里，往往按照重要系数、与自己的远近亲疏关系逐级下达，信息流如同漏斗般自上而下地下落，到了底层便消失殆尽了。居于信息流上层的管理者往往获取的信息多，居于下层的人得到的信息少。信息的不对等或不对称，使得改革进程中的大众只能处于一个简单的接收者、执行者的被动地位，无法获知政策出台的前因后果以及过程性的内幕，因而成为改革进程中的边缘人群。教师的现实处境和地位与教师作为改革主体的理想是相违背的。在课题研究中，行政力量既可以通过得天独厚的地位优势与课题管理部门上下打通、相互利用，又可以取得高校研究部门的学术支持，同时又以利益均摊的方式给自己的下属学校以具体的实惠（即作为国家级课题的参与单位，在对学校的评价中赢得重要加分）。课题研究被建构成为一个权力利益链，教育行政部门则从中扮演一个利益最大化的受益者，正所谓名利双收。如果说这样的研究行为有所损益的话，那么最大的受损者是学术研究自身的正当性以及以教师之名实际造成的对教师群体利益的损害。

任何一项关涉全局的总体性改革，几乎无一例外地需要借助教育行政的力量。而行政力量在介入改革过程时，通常会借助于惯常的行政化思维，通过行政命令、宣传动员、政绩检查、量化考评等方式加以具体落实。其中，无不隐含着急功近利、功利主义的价值取向，这与改革作为一种尝试、探索的实践过程是相违背的，即在改革目标与手段之间出现了分离现象。作为改革的题中应有之义，改革是允许失败、挫折甚至是走弯路的，但在过分注重评价的现行教育体制下，往往是很难行得通的，即在行政的视野下，改革的成本与代价估计是为零的。在行政力量及其思维模式的影响下，作为实践者的校长和教师，其主体性、创造性势必受到一定程度的打压和限制。

五、偶然与必然：个人因素的作用

人们对于教育改革这一总体性社会事件的认识，从发生的角度分析，总是强调它的历史必然性，所谓应历史潮流而动；从改革进程的角度分析，一定要符合规律，经过充分论证方可实施等，即必须符合"逻辑的实践"[3]，经得起理论的推敲。但是，就某一具体改革措施的出台来看，往往充满了或然性和偶然性，个人因素在其中发挥了重要作用。换句话说，教育改革无论在其意识层面还是无意识层面，无疑都与改革者的个人生活史以及基于该生活史长期积淀形成的个人性情、志趣相关联的。在此意义上，作为宏大叙事的改革理想无疑是个人生活史基础之上的集合。

在某市推行的教育改革中，作为改革推动者的某教育局局长出于对中华文化的个人喜好进而出台的"举全市之力，打造文化强市"的改革举措，成为当年教育改革的新政。该市新年庆祝活动的主题是古诗文诵读，借此打造文化强市的品牌。弘扬中华民族传统文化本无可厚非，但是作为当地政府的一项政绩工程，无疑带有一定的功利色彩。各地教育主管部门类似的政绩工程可谓名目繁多。教育改革的概念在很大程度上转化为可量化考评的"工程"概念或"工程化思维"。"工程化思维"又同"行政化推进"联系起来，正所谓"举全国之力、全市之力"等。即本应经过长期酝酿、反复论证，符合科学规律，尤其要有思想性、方向性引导的改革实践，在现实生活中往往被纳入行政化的运行轨迹，成为极具中国特色的"修路现象"（道路年年坏、政府年年修、年年有政绩）或改革的无厘头（改革成为一场闹剧以及对改革意义的彻底消解）。

综上所述，基础教育改革因涉及面广，影响深远，往往受到来自专家系统、学校利益、技术力量、行政力量以及改革者个人因素的作用等诸多社会因素的制约，进而导致改革很难按照改革设计者的预期有序推进。教育改革作为一种总体性社会事实，其复杂性、变动性、开放性往往需要以一种复杂性思维[4]，多角度、全方位地加以审视。需要特别指出的是，在每一种社会力量的内部，都包含着积极的建设性因素，其中不乏少数改革精英出于公平正义的社会理想、对教育事业的热爱、对职业操守的坚持以及发自内心的善良，在可能的范围内，做出的对社会发展、教育发展以及学生发展有益的变革之举。正是这样一些平凡的日常之举，以其水滴石穿的力量，在悄悄地影响或改革着教育的现实。在此意义上，教育改革也是一个不断发现、创生生活意义和价值的过程。

参考文献： [1] 凌军辉.江苏启动人民教育家培养工程，促进师资水平整体提升[EB/OL].新华网，2009-07-20.

[2][美]詹姆斯·威尔逊.官僚机构——政府机构的作为及其原因[M].孙艳，等，译.北京：生活·读书·新知三联书店，2006.

［3］［法］皮埃尔·布迪厄，［美］华康德.实践与反思——反思社会学导引［M］.李猛，等，译.北京：中央编译出版社，1998.

［4］［法］埃德加·莫兰.复杂性理论与教育问题［M］.陈一壮，译.北京：北京大学出版社，2004.

2. 社会治理模式变迁与道德教育改革*

在任何社会、任何国家，道德教育首先作为国家意志的体现，即国家对社会成员在基本道德规范、精神风貌上的基本要求，主要发挥着对人的思想观念、价值取向的控制作用。道德教育的国家属性决定了其与国家政治意识形态之间的依从关系，进而体现为主要从国家与个人关系的维度定位道德教育的功能，强调的是个人对国家意志无条件的服从，对社会道德规范的无条件执行，进而导致社会成员道德主体意识的丧失。随着人类文明进程的演进以及现代社会的转型，社会结构日趋多元化，社会问题日趋复杂化，社会治理模式也在不断发生变化，传统的灌输式道德教育以及由此导致的个人与国家之间亦步亦趋式的盲从、依从、顺从关系已经无法适应社会发展的需要。道德教育的功能定位应从体现"国家—个人"关系的一元维度转变为"国家—共同体—个人"的多元维度，从国家对个人的单一控制模式发展为国家、社会力量、个体等多方力量间的多元互动模式。本文从社会治理模式的发展演变出发，选取道德教育中的榜样教育为分析对象，针对榜样教育作为一种治理模式存在的诸多问题及其局限性，探索道德教育变革的时代必然性，以及建立以共同体精神培育为一种新的治理模式的现实可能性。

---

* 本文系江苏高校哲学社会科学重点研究基地重大项目"社会学视野下的中国教育改革研究"（课题批准号：17JYA004）的系列研究成果之一。

一、社会治理模式的发展演变及其对道德教育的影响

西方国家在社会治理模式上经历了从现代性向后现代主义的转变。现代性作为现代社会治理的哲学基础，在制度层面确立了现代社会结构的三个价值维度：市场经济、宪政民主和自由伦理，并以此厘定国家、社会、个人的关系，界定政府与市场的界限。同农业社会的统治型治理模式不同，现代社会的社会治理模式在本质上是一种管理型的治理模式，在价值层面寻求三个维度良性互动的平衡。[1] 而现代性本身的悖论导致了社会治理的系统悖论，工业化和市场经济的价值逐渐成为压倒一切的合法性源泉，进而反映出社会的不可治理性。面对现代社会治理模式的困境，后现代主义的治理观做出了如下富有启发性的探寻与思考：建立在伦理视角基础上的服务型治理模式；通过微观领域，即社会个体的欲望乃至无意识层面的变革重新厘定社会秩序，提倡"微型治理"；力图通过社会自治最终超越官僚制等。20 世纪后期以来，随着世界多元化、多极化的不断发展，民主化进程的不断推进，社会各方力量竞相表达自己的权利与利益，社会治理领域的多元化特征日益凸显，主要表现为社会治理方式的多元化与社会治理主体的多元化。

随着我国改革开放进程的不断推进，政治体制改革受到全社会的广泛关注，公平、正义成为政治体制改革的核心理念，社会治理模式正在向着更加开放多元的方向发展，具体表现为：从单一的国家治理到国家、社会、个人三者的良性互动，从社会发展的单一经济维度的考量到关注民生和国民的幸福指数，从传统农业社会的管理型国家到现代工业社会治理型国家的转型等。2006 年，我国政府提出把建设服务型政府作为政府变革追求的新目标，从而为解决和化解诸多社会矛盾提供了可能。服务型社会治理模式强调国家权力向社会的回归，还政于民，强调多元社会治理主体对社会公共生活进行共同管理，进而使公共利益最大化。[2] 从管理型政府向服务型政府的转变，表明政府在执政理念、职能范围、运作方式、绩效观、透明度等诸多方面正

在发生变革。[3] 随着政治体制改革的不断推进，国家、社会、个人三者间的关系也在悄然发生变化，"强国家、弱社会、无个人"的关系格局正在打破。这一系列变化都对作为一种社会治理模式的学校道德教育提出新的挑战，传统的道德教育观念及其方式亟须变革，同时也为道德教育改革营造了良好的舆论氛围，为道德教育的现代转型提供了社会土壤。随着国家从治理型政府向服务型政府的转变，学校组织的科层化、官僚化管理模式必须发生转变，进而树立学校作为公共事业部门的服务意识，弱化其管理职能，增强其服务意识和服务功能，改变单一的学校只对国家负责、很少考虑社会集团（如企业、行业需求，学生及其家长利益）的价值取向，为社会输送各类合格人才。从道德教育的角度分析，学校教育作为一种可能生活，还要为学生提供多种不同的价值选择。在此背景下，建立在"国家—个人"单一关系维度基础上的道德教育模式呈现出变革的趋势，具体表现为：学校民主化进程的不断推进，学生权利意识的增强，教育公平的诉求日益强烈，教育管理的去行政化，教育家办学的呼声日益高涨等。

二、从榜样教育到共同体精神培育：治理模式的变革

道德教育改革的核心理念是回归生活世界。回归生活的道德教育所倡导的是回归生活的品德发展、社会性发展的教育，反对的是脱离、背离生活的道德规范、社会知识等的教育。[4] 而对回归生活的道德教育理想以及教师、学生的生活世界构成最大威胁的，仍然是国家政治对学校教育生活的僭越，并集中体现在学校道德教育的核心——榜样教育中。

（一）作为一种治理模式的榜样教育及其局限性

依照儒家学说对社会治理模式的理解，社会稳定是道德榜样发挥作用的结果，人会服从或依从道德榜样，因为"榜样是无言（无声）的秩序"，榜样可以再现秩序，消解不确定性。人们通过对榜样行为的模仿，形成一种惯

常性行为以及对于社会规范的稳定态度,榜样进而成为维持社会秩序、实现社会控制的一种重要技术。有西方学者将中国社会称为"效仿社会",认为注重模仿和道德示范是中国文化的特性,也是道德教育的特性。[5] 在中国哲学中,道德模仿的观念具有至高无上的地位,在社会控制系统中,法律与道德相比处于次要地位。直到20世纪60年代末,关于榜样示范的假设在社会控制理论中一直处于统治地位,直到今天也仍然适用。这种现象不仅在学校教育中随处可见,而且还扩展到整个社会。重复模仿的文化在很大程度上是一种榜样文化。在中国的语汇中,"典型"经常被用作"模范"的同义词,"典型"经常指示范作用,并不是统计学意义上的经常性行为。

如果说,在马克思主义理论中,商品存在于资本主义社会的每个细胞里,那么,我们也可以说,好人好事存在于今日中国效仿社会的每一个细胞之中,至少构成道德学习和效仿社会的精神细胞。榜样是社会意义和需求的象征,也是一种最有效的生产社会规范的方法。榜样学习是今日中国道德教育中最普遍的方法之一。强调模仿和道德示范作用,对于人的社会化过程而言,重要的不是做什么,而是别人会怎样看。道德评判的标准完全掌握在他人手里,道德是他律的,做人、做好人(君子)仍然是道德教育的最高目标。今天的德育工作者仍然强调习惯养成的积极作用,道德个性或人格被定义为"习惯的长期延续"。

榜样教育作为一种社会治理模式,主要通过"树立榜样—宣传榜样—学习榜样"几个环节加以实现。"树立榜样"通过刻意将某一人群的道德行为抽离出来,放大其美好的一面,予以类型化、典型化,使之成为一种"道德符码"。榜样被树立起来之后,学校教育往往动用表扬的技术手段予以强化,使榜样行为受到极大肯定,或予以物质的、精神的奖赏,如劳动模范、学习标兵、三好学生等。奖赏往往是在比较大的公开场合,通过人为制造的轰动效应(如英模事迹报告团在全国各地的宣讲)进而产生最大效应。榜样人物提供了道德行为和价值的标准,因其经常被塑造成非常规的个体,他们的技能和美德对于常人而言往往是难以效仿和企及的。榜样人物因其行为被孤立，被改写，被人为地"妖魔化"，因此，榜样人物被制造的过程即其意义和价值不断被消解的过程。

榜样被看作服务于社会记忆和社会凝聚力的一个"叙事"或"神话"。榜样人物通常是一个被重复讲述的人物——在中国，经常是一个献身英雄的故事。英雄很少是一个真实的人物，故事使得他高于生活。这些供效仿的文本经常介于神话和传记之间。通过英雄的个人示范作用，不仅可以传递美德，而且还会放大其作用。而虚构出来的榜样故事与真实生活之间的差距，文本世界与读者生活世界之间的差距，导致个人经验和文本世界持续地发生矛盾与冲突，预期的榜样作用往往难以发挥。在价值多元的时代，榜样教育集中体现了国家政治意识形态对学校教育发挥的持续作用和影响，被作为唯一合法化知识的道德榜样教育与多元文化价值之间的冲突变得尤为突出。榜样教育的局限性集中体现为国家政治对学校日常生活的僭越。

1. 榜样教育：政治对生活的僭越。

在教育与生活、教育与政治的关系上，回归生活的道德教育改革体现了教育对生活世界的回归，以及对国家政治意识形态的拒斥，即道德教育的去政治化取向。但是，回归生活的道德教育并非思想的空场，也并非后现代语境下的"什么都行""怎样都可以"，它仍然需要价值的引领。改革开放30多年来的学校德育实践表明，作为社会主义主旋律的思想道德建设始终不曾有过片刻的放松和懈怠。以中小学校广泛开展的"四个好少年"的宣传活动为例。服务于政治宣传的需要，以及发挥意识形态国家机器的价值引领作用，围绕"争当祖国的好少年"，全国上下开展了一系列活动，其中包括创作歌词歌曲、编写民歌民谣、开展红色之旅、大唱红色歌曲等。这样一些活动形式以其无可移易的权威性随时随地进入学校生活，成为凌驾于学校制度化的时间空间安排以及学科知识体系之上的另类合法化知识。从社会对少先队员的殷切希望，到学校开展的一系列"争当祖国的好少年"的宣传活动；从"争当祖国的好少年""争当四个好少年"的歌词创作、歌曲演唱，到"美少年童心乐"（拍手歌）、"四好少年童谣"的创作等，"祖国、国家"等宏大叙事构成学校道德教育的底色。各种各样的政治宣传进校园，如廉政建设进校园、安全教育进校园等，这些服务于国家政治需要的教育内容以其凌驾于儿童身心发展的规律性、教育自身规律性的绝对优势，无条件地进入学校生活。道德教育去政治化、生活化的价值追求更多地反映了学术的思想逻辑，而非国家的政治逻辑。道德教育"去政治化"所要去除的也不仅是政治化的内容，更包括政治化的运作模式。

2. 透视"感动中国"现象。

自 2002 年 10 月首次启动"感动中国 2002 年度人物"评选活动，由中央电视台这样一个国家主流媒体发起的这次活动，以其鲜明的政治色彩和代表国家传达出的极具权威性的声音，成为以公开化方式对全体国民进行道德教育的重要媒介。"感动中国"因此被媒体誉为"中国人的年度精神史诗"，它以表彰"杰出人物、突出贡献"为宗旨，试图重新塑造道德上的高标和高大全的人物形象。这些被表彰的人物都有不平凡的事迹，并且被标签化为各种不同的类型。以"感动中国 2010 年度人物"评选活动为例，获奖者包括钱伟长、孙水林、孙东林、才哇、郭明义、王伟、王万青、王茂华、谭良才、何祥美、刘丽、孙炎明；获奖名片为赤子、信义、铁汉、传人、砥柱、仁者、炽爱、神兵、姐姐、活着。在人物事迹介绍之外，还有极富感染力的颁奖词。其中，"感动中国 2010 年度人物"郭明义被誉为"雷锋传人"，其颁奖词是这样写的：他总看别人，还需要什么；他总问自己，还能多做些什么。他舍出的每一枚硬币，每一滴血都滚烫火热。他越平凡，越发不凡，越简单，越彰显简单的伟大。

这样一种极力放大普通人物身上不普通、不平凡之处的道德榜样教育模式，因其抽离了榜样人物完整的精神世界而失去真实性，也因其制造过程的人为性而难以效仿。从榜样人物诞生的内在生活逻辑来看，即使榜样人物确实具有超人之处，往往也不是学校教育刻意培养的结果，而是人群中的少数或一种例外；如果可以通过道德学习或简单模仿而习得，那么生活中就会处处有雷锋。而这种"树立榜样—宣传榜样—学习榜样"的道德教育模式，无疑是按照统一的道德标准对现实生活中的人加以规训，进而将复杂的人类道德生活和个体差异性加以人为地压抑和简单化地处理。这样的榜样教育模式因其自身道德性的缺失往往难以取得预期的教育效果。

向榜样学习的信念成为中国文化的一个重要特征，进而成为中国人的文化惯习。从学校教育到社会教育，中国人的社会化进程一直伴随着榜样学习的推行，进而成为每个人文化知识和观念的重要组成部分。在中国人的政治生活、学校生活中，"向……学习""以……为榜样"已经成为人们的惯用语。除了国家层面为青少年树立的榜样外，学校教育、班级生活中也开展了一系列冠以"发现身边的榜样"的学习活动。榜样本身构成一个谱系，雷锋、张海迪、赖宁等熟悉的名字曾经影响了一代又一代年轻人的成长，进而成为他们的文化记忆。在榜样的光环下，每个人都生活在与别人的比较、他人对自己的价值评判中，因而失去了独立思考和判断的能力。每个人都是为了他人活着，生活在他人的世界里。在持续不断的政治社会化过程中，每个人都处于对榜样的不断学习与模仿中，政治上的未完成性或永远的学习者姿态，使得普通人很难保持人格上的独立性和个体差异性，并以其不可替代性和独立人格平等地参与到政治生活中。对于榜样人物而言，在他们的生活中本来存在着多种选择的可能性，但媒体舆论刻意宣传的结果客观上造成人们对榜样人物的刻板印象，使其在现实生活中遭遇到许多常人难以想象的尴尬境地，如榜样人物的个人隐私、对金钱以及功名的谋取，都被认为"不可思议、不能原谅"，进而导致其人格发展出现障碍或严重心理问题，"制造榜样"的过程进而变相成为"捧杀榜样"的过程。在今天这样一个价值多元的社会，榜样教育模式自身的合理性不能不受到质疑与批判。

值得深思的是，面对强大的媒体宣传，人们已经习惯性地接受了这样一种将人物按照境界高低进行分类的思维模式，进而导致对于人的真实生活的扭曲和异化。端阳生在其博客文章《"感动中国人物"应当名副其实》中写道："在13位受奖人物中，有两位在我看来事迹不很突出，与另11位相比，好像不在一个档次上。如一位母亲为给她的亲生儿子移植半叶肝脏，暴走数月消除了自己的脂肪肝,使儿子移植肝脏成功;另一位是与自己的丈夫同甘共苦58年的妻子。恕我直言,她们一个是为人之母,一个是为人之妻,充其量只能说她们尽到了母亲和妻子应尽的责任而已,古今中外大多数做母亲和做妻子的都能做到。她俩的事迹与那些为素不相识的弱小群体献爱心,甚至献出生命的人,为祖国做出巨大贡献的人相比,实在是望尘莫及,天上地下。"在这篇文章中,作者认为,为儿子移植肝脏、与丈夫同甘共苦的母亲与妻子形象,与为国捐躯者不可同日而语,认为是降低档次,另立标准的做法。这样一种刻意拔高和提升境界的做法,成为一种精神上的造神运动,而借助强大的舆论宣传对公众产生的潜移默化影响,可谓根深蒂固。榜样教育对人的精神世界的控制可见一斑。

(二)共同体精神的培育:一种新的道德教育模式

在学校教育场域中,榜样教育作为唯一合法化知识的地位和作用是不容置疑的。榜样教育作为一种体现和反映国家意志的外铄型治理模式,从树立榜样到学习榜样的过程,很少考虑受教育者的接受心理和价值选择。学生作为道德判断与选择的主体性代之以"受教育者"的受动性,进而导致学生表面上的认同与实际心理上的排斥和抗拒,并由此形成虚假的道德人格,这对学生价值观念的形成以及道德人格的和谐与完善无疑是非常不利的。尊重学生身心发展规律,研究学生的道德发展需要,确立学生道德选择与判断的主体地位,改变单一的外铄型榜样教育的思维模式,探索一种新的建立在学生主体认同基础上的道德教育模式,无疑成为社会转型期道德教育改革的着力点。这里,提出一种新的道德教育模式,即共同体精神的培育,并探索其现实的合理性与可行性。

回归生活道德教育的核心理念是让学生过有道德的生活,而有道德的生活可理解为共同体生活,即公共生活。金生鈜教授认为,共同体生活是一个人获得德性、理性和个性发展的根本条件,是人性得以优秀的教育根基,对于人性的展示和教化具有不可取代的作用。[6] 共同体的核心是公共精神。共同体精神的培育作为公民教育的重要内容，旨在培养学生对公共生活的热爱，增强学生对共同体的认同感与责任意识，学会与他人共处，自觉遵守公共生活秩序，使自己成为共同体生活的一员，在共同体生活中获得德性、理性和个性的健康和谐发展。而这样的人性教化和道德人格的培育只有在共同体生活中才能获得。在学校生活、班级生活中进行的共同体精神培育，有助于公民社会的建立以及未来社会公民的培养。

在道德教育中引入共同体及共同体精神的理念，是建立在学校生活作为公民社会以及公共生活的重要组成部分，通过学校教育的价值引领，担当起建设公民社会责任的现代学校教育的价值追求和功能定位的基础之上的，公民社会及公共生活的理念可谓传统教育与现代教育的本质区别所在。吴康宁教授提出，21世纪学校道德教育的使命是从"教会顺从"的道德教育转变为"教会选择"的道德教育[7]，而选择的前提是学生独立的道德判断能力。公共精神的培育作为一种新的道德教育模式，从根本上改变了传统道德教育中师生关系的不平等性，学校和教师的角色不仅仅是规章制度的制定者和监督执行者，而是学校、班级共同生活的建设者和具体践行者，教师与学生的关系不再是单一的教育者与受教育者的关系，在学校公共生活的建设中，教师作为教师共同体、师生共同体生活的一员，首先是共同体生活的学习者，在自我精神成长的同时，努力成为学生道德选择的引领者和学生道德成长的伙伴。离开了教师自我的道德精神成长，就很难有师生共同的精神成长。在师生共同体中，教师与其说"闻道在先"，毋宁说"成长在先"，在公民社会与共同体精神培育过程中，教师的角色本身首先需要经历从道德认知到道德行为的转变，教师角色的转变势必带来道德教育模式的转变，以及学校道德教育功能的转变，即道德教育承担着公民社会建设以及公共精神培育的重任。

建立在公共生活理念基础上的道德教育势必带来道德教育模式的改革，而在已有的道德教育实践中已经蕴含着这样的改革基因。中小学教育实践中已经构建并形成了"师生道德发展共同体"，以及一系列与之相关或相似的新的教育形态。"师生道德发展共同体"是由学生和教师共同组成的，以有意义的师生共同学习生活为载体，以促进共同体成员德性发展为共同愿景，强调在教育教学过程中的相互对话、相互辩诘、相互认同、相互理解，在充分保障成员权益与责任的前提下，通过人际沟通、交流，分享个人经验与各种资源，实现相互影响、相互促进的道德教育存在方式。"师生道德发展共同体"将共同体成员的德性发展作为共同体建设的目标，学生作为共同体的成员，与教师拥有同样的权益与责任；改变了教师在学生道德发展中的优先地位和唯一合法性，把道德发展定位为师生共同的精神成长，而不仅仅指向学生。"师生道德发展共同体"概念的提出以及教育实践表明，在道德教育中，教师的角色意识和角色定位已经发生了变化，即教师作为师生道德发展共同体中的普通一员，与学生一起面对自我的道德精神成长，只有不断经历精神成长的教师才能赋予道德教育以新的生机与活力。教育实践中蕴含着丰富的道德教育资源，进而不断催生新的道德教育模式。

总之，从灌输式的榜样教育走向公民教育以及公共精神的培育，体现了道德教育模式的现代转型，其背后是社会治理模式的转变，即从传统农业社会的统治型治理模式向现代工业社会治理型模式的转变。而作为一种治理模式的榜样教育与公民精神培育的根本区别在于，榜样教育是建立在对人的道德发展水平、精神境界具有高下之分的价值预设以及人才选拔机制的基础之上，主要诉诸舆论宣传所特有的对人的行为人为加以"褒贬、扬抑"等作用，进而达成对典型人物以及普通大众分类治理的目的。具体而言，通过对典型人物的宣传，将其置于公众舆论的监督之下，进而达到监控的目的；对于大众而言，典型人物及其行为具有一定的威慑作用，正所谓"榜样的力量是无穷的"，进而发挥示范作用。而公民精神的培育则将个体人的行为置于一定的社会关系中，即共同体成员之间具有的"工具性、情感性、构成性"[8]等不同的共同体关系中，进而确定何种行为是恰当的行为，而不是将人的行为孤立起来，人为地加以善恶褒贬式的评价。共同体精神是一个关系型概念，强调的是个体对共同体、对他人的相互依存关系。将榜样教育转变为公民教育以及公共精神的培育，将榜样教育中少数典型人物的个体行为及品格推及他人的做法转变为共同体成员确立共同遵守的行为规范及公共精神的培育，体现了道德教育中道德主体地位的不可缺失，以及由知到行的道德实践过程是建立在共同体成员在共同生活过程中经由长期的人际沟通与交往，彼此达成相互理解，对共同生活准则不断达成共识的人际互动过程。将外铄型的灌输式道德教育转变为共同体成员普遍认同的共同体精神培养；将独善其身式的道德高标转变为共同体生活的公共理性、德性和完善人格；将他律型道德转变为自律型道德，提升成员对共同体的责任意识和认同感；将个体的独立性、差异性建立在共同体生活的基础上，进而获得其合理性和现实性；将道德榜样标准的唯一性、神圣性转变为公民教育的普适性、多元化。这样的改革趋势随着我国公民社会的构建以及政治体制改革的不断深化而日趋显现。

参考文献：

［1］杨鸿江.现代社会治理的困境及其出路［J］.理论前沿，2007（8）.

［2］张康之.社会治理中的价值［J］.国家行政学院学报，2003（5）.

［3］贺豪威，任晓林.模式差异与重构：从管理型政府到服务型政府的变革［J］.金陵科技学院学报（社会科学版），2009（4）.

［4］鲁洁.回归生活——"品德与生活""品德与社会"课程与教材探寻［J］.课程·教材·教法，2003（9）.

［5］Borge Bakken.*The Exemplary Society: Human Improvement, Social Control, and the Dangers of Modernity in China*［M］.Oxford: Oxford University Press, 2000.

［6］［8］金生鈜.人性的教化何以可能——论共同体、公民性与人性的关系［J］.教育学报，2011（3）.

［7］吴康宁.教会选择：面向21世纪的我国学校道德教育的必由之路——基于社会学的反思［J］.华东师范大学学报（教育科学版），1999（3）.

3. 道德教育改革中的教师及其角色困境*

道德教育改革的核心理念是回归生活世界。回归生活世界的道德教育是基于生活、为了生活、在生活中进行的教育，其着眼点是在日常生活层面进行的、并指向对日常生活的改造，凸显的是道德教育"引领生活"的功能，而非规训教化的功能。道德教育不应仅仅作为一种道德规范体系实现社会对人的规训，还应成为人类自我解放的一种力量；道德教育本身应充满"神圣性、日常性、趣味性"[1]，成为人们乐于从事的一项事业。这样的教育理念对于学校道德教育而言无疑意味着一场深刻的变革。而承担这一变革使命的则是广大的一线教师。道德教育改革并非体现为单一的学科知识教学或品德课程的改革，而是作为一种隐性课程。其中，教师的人格魅力，教师对教育的理解与教育信念，其在与学生日常化的交往活动中给予学生的潜移默化的影响，构成了道德教育最直接的教育资源。

在实践层面，目前学校道德教育改革仍然沿用着学科化、知识化的发展取向，回归生活的教育理念更多地体现在品德课的教学中，学校的整体文化氛围、现有的学科体制，以及教师的角色意识并没有发生相应的转变。其中，最为关键的问题在于，现行的学校教育体制主要是学科体制和教育评价体制，以及社会对学校、教师不断增长的社会期待，使得作为改革主体的教

---

* 本文系全国教育科学规划"十一五"教育部重点课题"学校道德教育改革的社会学研究"（课题批准号：DEA060106）的阶段性研究成果之一。

师面临着专业性与道德性分离的角色困境。走出这一角色困境的主要路径在于重构教师的角色意识，即教师应自觉成为转化型知识分子，应具有强烈的社会责任感以及对于自身教育实践的理性自觉，进而落实到对于日常教育教学生活的自觉改造之中。

一、专业性与道德性的分离：教师角色的现实困境

在教育改革进程中，教师无疑被建构成为一种解放的力量，而非行政权力的简单执行者或教科书权威的服从者。为此，教师须具有专业发展意识和能力，保持学科教学的独立性，在改革进程中不断自我赋权、赋能，而不是一味盲从专家权威和教科书权威；对于自身所处的教育体制具有自觉的批判反思意识，具有自觉担当教育教学改革的使命感与责任感。具体而言，担当道德教育改革使命和责任的是作为教育者的全体教师，凸显的是教师育人作用的充分发挥，而不是被过度专业化建构起来的狭隘的专业人士，如品德课或政治课的学科教师。与之相应的，道德教育改革势必会触及现存学校制度中客观存在的教学与教育、教书与育人人为分离等体制性问题。而这些体制性问题往往与教师自身的生存境遇直接相关，因而尤其值得关注。

（一）学科体制与专业诉求

道德教育改革绝非品德课或政治课一门学科的问题，而是涉及学校生活的全部，势必带来对现有教育体制以及由此决定的教师角色行为的反省与批判。在学校现有的制度框架中，教师普遍认同的首先是学科教师的身份，即现有教育体制并没有赋予教师充当道德教育改革者的合法身份。尽管教书育人作为教师的基本职责，无论是从国家政策法规对教师职业道德的要求还是教师的角色内涵来看都是毫无异议的，但是社会以及教育主管部门对学校、教师的评价，主要侧重对"教书"实际效果的量化考评，对于具有长期性、滞后性的"育人"工作的评价则被放在次要地位。具体到中小学教师的教育

教学活动中，与升学考试没有直接关联的学科教学之外的一切活动都被视为不务正业，教师被迫沦为学校追求升学率的机器。对于道德教育改革而言，实际上并不存在专门从事道德教育的教师，无论是品德课教师、班主任都不可能独立担当此任。目前的学校道德教育改革仍然沿用学科课程改革这一单一路径，并没有建立起一套与改革理念相适应的配套执行系统，因而改革只局限于品德课学科与课堂教学。在此意义上，目前的道德教育改革是不彻底的、未完成的。这一未完成性，具体体现在教师的角色认知及角色行为中。

在现有的教育评价体制下，对教师职业专业性的强调高于对道德性的要求，而专业性又狭隘地理解为学科专业性而非职业道德性，进而造成专业性与道德性的分离。在此意义上，道德教育改革首先意味着回归教育的本意，回归教师的本分，用一位教师的话来说，就是教育不能违背常识[2]。即使这样简单的道理，做起来也并非易事。现有的评价体制鼓励的是急功近利式的行为，而恪守教师本分、认真履行教书育人的职责，在评价体系中往往是无法体现的，很多用于学生教育与培养上的投入，短期往往是看不到回报的。"今天，做一名好教师"往往是以教师个人利益的损失为代价的。而对于身处社会复杂关系系统和利益链条中的学校、教师与学生而言，如何在社会资源有限的情况下，在学校、教师的眼前利益与长远利益及学生的当前发展与未来发展之间取得适当平衡的问题，总是具体而现实地摆在每一位教育者面前。道德教育改革必须直面教育现实。对于道德教育改革复杂性、艰巨性的理解与体察，对于改革结果的宽容与等待，正是建立在对于教育改革实践逻辑的理解与尊重基础之上的，否则改革就只能成为一种乌托邦式的幻象。

（二）社会期待与道德高标

在现有的教育体制下，教学与教育、教书与育人总是人为地被割裂开来，即所谓教育、教学"两张皮"现象。例如，学校大多分设教务处、德育处，校长从职能上分为分管教学的校长与分管德育的校长，从制度上固化并强化了教书与育人工作的分离，进而导致学科教师只管教学、班主任全权负责学生教育的不合理的角色分工。学科教师只要完成基本的教学任务就可以成为一名合格教师，而育人工作在现有的评价体制中是无法体现的。中小学班主任作为承担育人工作的唯一主体，则被赋予了越来越高的要求。班主任作为"学生人生导师"的角色定位，以国家政策文本[①]的形式得以确定下来，"人生导师"成为班主任特有的道德符码。班主任角色集中体现了国家对教师角色尤其是教师角色道德性的社会期待，其专业的独立性代之以社会精神价值的纯洁性。在班主任专业化的语境下，班主任被认为是具有不同于学科教师的特殊专业知识与专业技能的人，其专业性更多地体现为专业精神。进而班主任被建构成为集所有美德于一身的特殊教师，其特殊性通过班主任津贴这一专门化的物质补偿手段得以强化。班主任作为学校德育的一支重要力量，其责任意识、工作范围及重要性则被强调到无以复加的程度。如果说"污名化"[②]的过程是社会将那些负面的消极的标签刻意贴在一些社会边缘人群如残疾人、精神病、同性恋、罪犯等身上的话，那么班主任的角色建构则遵循着截然不同的话语逻辑和制造力量，班主任角色被不断神圣化，进而成为"高大全"的形象。2009年12月，一篇名为《这才叫为人师表》的帖子在网上热传，帖子照片显示：一位中年男教师打着点滴拿着粉笔在黑板前讲解数学题，台下学生认真听讲。帖子一出，网民纷纷回应：这样的画面真让人感动，这样的教师真让人敬佩，这才叫为人师表！

　　类似的宣传报道刻意将教师尤其是班主任的奉献精神、牺牲精神，人为地拔高到不近人情的毫无普通人正常情感的非人地步。在现实生活中，班主任除了自身的工作压力外，还要面对来自社会舆论、媒体宣传的压力。从制度逻辑的角度分析：一方面，是通过舆论宣传扩大其职业理想、信念的崇高神圣；另一方面，在提高其经济待遇的同时，加大对其工作的量化考评与管理，以各种物质、精神奖励施以恩惠，进而导致班主任两面人格的形成。班

[①]《中小学班主任工作规定》（教基一〔2009〕12号）。
[②] 此说法来自美国社会学家欧文·戈夫曼的著作《污名——受损身份管理札记》，商务印书馆2009年版。

主任作为教师精英的形象一经被制造出来，在被周围人效仿的同时也被孤立起来，在学校教育场域中不得不扮演"孤胆英雄"的角色，而学科教师的育人功能则日渐退化。班主任专业化的过程在一定程度上成为一种造神运动。面对"学生的人生导师"这样的角色定位以及由此产生的符号暴力，班主任发出了如下抗拒的声音："是的，为人师，传道授业解惑，我们是光荣、骄傲的。然而，首先，我们是人，有人性有感情的人。所以，别再用'忘我''无私'这样的字眼来麻痹自己的情感，别再佝偻着身子赎罪一般地终年奉献。试着挺直自己的脊梁吧，真正教会孩子们什么是爱、什么是善良、什么是责任、什么是信仰，我们的目标是要让孩子们拥有心胸宽广、自强不息、乐观向上的气质，拥有自尊、自信、自谦、自持的精神，拥有关心人、关心社会、关心自然的情怀，拥有求实致远、质朴高雅的品位，拥有'富贵不能淫、贫贱不能移、威武不能屈'的人格。唯有如此，我们才算真正无愧'人类灵魂工程师'的称号；唯有如此，我们才能享受来自灵魂深处的愉悦，享受为人师者真实的荣光与幸福！"①

综上所述，一方面，现有的学科体制不断强化教师的学科专业性，使得教师承受着越来越高的专业要求，如职称评定制度对教师教学、科研成果不断追加的要求等，教师不得不沦为狭隘的专业人士。另一方面，社会将对教师职业道德性的要求集中地赋予班主任这一特殊教师队伍，进而通过媒体舆论等宣传手段刻意将其神圣化，使得班主任承受着来自学校现实考核与社会期待的双重压力，进而造成其特有的角色紧张和压力。

二、角色重构：作为转化型知识分子的教师

对道德教育自身的改造成为道德教育改革的重要路径之一，这一改造的思想轨迹可用"从压迫走向解放"这样的语词加以概括。追求解放的道德

---

① 参见戴宗在江苏省教育学会班主任专业委员会第二届年会上的发言《老师，请挺直您的脊梁追寻幸福》。

教育改革具体体现为对于教育中一系列内部关系的调整，如教师与教科书的关系、教师与学生的关系，以及教师在日常生活层面发生的思维方式、工作方式的日常化改造等，即道德教育改革必须付诸教师日常生活行为层面的变革。以回归生活为核心理念的道德教育改革，客观上赋予教师新的角色内涵，即教师作为"转化型知识分子"，应具有强烈的社会责任感，对自身教育实践的理性自觉、对现存社会秩序以及教师角色的批判反思意识，以及对教师职业道德性的自觉践履等职业品质，进而自觉地担当起引领生活的责任。

教师作为转化型知识分子这一命题来自美国著名教育思想家、文化研究学者、批判教育学的代表人物吉鲁（Giroux），他在其代表作《教师作为知识分子》（*Teachers as Intellectuals*）一书中，将教师视为创造知识的专业人士。他反对将教师视为单纯的知识传递者、知识的代言人，认为教师是对教育实践的反思者。为了区别某些学者提出的"知识分子就是上层建筑的公务员"，吉鲁进一步提出了教师是"转化型"（transformative）知识分子的理论命题。所谓"转化型知识分子"（transformative intellectuals），是指教师不仅拥有学识，具有批判意识，而且还承担着知识创新、社会改造以及促进教育与社会发展的重任。作为"转化型知识分子"，教师应帮助学生形成深刻、持续的信念与信仰，批判性地思考社会问题与现象，运用民主对话为创造理想世界而奋斗。[3] 具体而言，作为"转化型知识分子"的教师，具有如下角色内涵。

一是把教学视为解放技术的实践，把学校开辟为民主公共领域，再造一个共享进取的价值观的共同体。[4] 要能体认到学校教育的复杂性与政治性，理解学校教育既是意义斗争又是权力斗争的政治性场所；强调学校教育必须重视学生批判反省与批判行动的重要性，以便未来的学生能批判不当的社会假定与不正义的社会制度，并付诸转化的行动；视学生为具有批判潜能的施为者（agengt），能够将知识问题化，通过采用论辩式教学法，使知识成为有意义的、批判的，并且最终朝向解放的目的迈进。[5]

二是自觉成为现存社会秩序的反思者与批判者，其批判反思的对象不仅仅是现存的社会秩序，也包括自身的教育实践。对于自身教育实践的理性思考与独立判断能力，以及对教师社会角色的自觉反思与批判，构成作为转化型知识分子的教师的主要角色特征。他们能够将自身的教育教学实践与社会理想的建构自觉联系起来，因而成为变革时代的改革精英。而这样一种精英身份的获得，不是得自某种权威机构的授予，而是社会责任的自觉担当，以及对自己职业操守和教育信念的坚守。

正如台湾学者赖孟俞在《教师专业中教师角色之转变》一文中所指出的那样：未来的台湾新教师，应学习自我增权赋能而非等待他人给予；在教学过程中，能不断关注"他者"与"差异"，其角色兼具扫除压迫的社会运动者、解放学生思想的启迪者、打破文本权威的教学者、善于引导沟通的对话者，以及跨越边界的行动改革者等多重角色，以培养学生成为民主社会中的称职公民。

在中国特有的改革语境下，在贫富悬殊日益加剧的社会体制内，作为转化型知识分子的教师具体表现为：自觉恪守民主平等的教育理念，自觉抵制来自知识背后的权力的诱惑。在教育教学实践中，尽可能祛除自身的阶层偏见与个人喜好，无差别地对待每一位学生，而不是人为制造新的阶级阶层差别。例如，不以学生的性别、相貌、家庭状况，以及对自己是否有用等功利目的加以区别对待。同时，自觉抵制现行教育体制施加在教师身上的体制性压迫。例如，一位曾经担任过"奥数"指导教师的小学数学教师，毅然放弃各种培训邀请和利益诱惑，对于学校制定的鼓励学生报考外国语学校，甚至以考取外校学生人数作为衡量教师业绩的政策采取消极抵抗态度，以保持作为一位教育者的道德良知；有的教师利用假期时间到贫困山区义务支教，坚持数年，不留姓名，不图回报。这样的教师在现行的教育评价体制下会被学校领导、周围同事视为"另类"，但是他们的存在时刻警醒人们，教育的良知尚在，希望尚在，在不解之余定会心生敬佩赞叹之情。

总之，转化型知识分子作为一种"理想型"的教师，无疑是一种内在精神品质的集中体现。他们不仅自觉抵制体制施加在自身的压迫，还能保有教师的职业操守，从人格上尊重并善待每一位学生，通过自身的教育实践，自觉担当起改造社会的责任。正如鲁迅先生所言，他们堪称中国社会的脊梁。这样的教师在任何社会、任何时代都存在，而在今天这样一个日渐功利化、世俗化的时代则显得弥足珍贵。一个有道德的社会无疑体现为这样一种道德人格，他们具有唤醒民众、开启人们心智的力量。教育改革作为一场深刻的社会变革，呼唤并且诞生了这样一些改革精英，即转化型知识分子。

三、教室革命：转化型知识分子的实现路径

面对来自学科评价体制和社会期待的双重压力，作为转化型知识分子的教师，需要面对现有体制造成的专业诉求与职业道德的分离，并将两者自觉地结合起来，以教育者的身份而非专业人士的身份自觉担当起道德教育改革的使命。教师作为道德教育改革者的角色意识并非来自现有体制的要求，而是具有改革的前瞻性和道德的超越性。在学校教育场域中，我们可以发现这样的改革精英：对于改革，他们没有豪言壮语，而是出于热爱教育事业的朴素情感和执着追求，或者说具有强烈的社会责任感和教育情怀；而这样的教育情怀具体体现为对于自身教育教学实践的自觉改造。教室革命无疑成为教师专业知识、技能以及教育实践智慧的综合体现。在具体的教育教学实践中，面对来自专家、同行和学校管理者的评价，教师如何呈现自己的课堂教学实践，决定于教师对教育的理解和教育信念，即教师的个人实践知识。真正意义上的教育改革势必把教师的个人实践知识推到前台，当面对一个个新的教育场景、教育问题时，没有任何的专家知识、书本知识和权威知识可以简单地拿来充当解决问题的实践策略。此时，教师个人的专业知识和技能，其对不同班级和学生的深入了解和把握，对特定教育问题的直觉和敏感等个人实践知识，便从专家知识、权威知识的遮蔽下解放出来，进而表现出教师稳定的教育信念和专业自主意识。具体表现如下：

(一)敏于观察:对教学教育性的把握

面对课堂教学中时常发生的一系列突发事件,即正常教学秩序中看似非正常的、偶发的意外事件,教师的专业意识和能力、教学实践智慧往往会在一个个特殊情境中被唤醒和激发出来。作为转化型知识分子的教师不是习惯性地把学生的非正常行为理解为故意捣乱或干扰课堂教学秩序,而是用心倾听事件背后的原因,把突发事件变成教师走近学生、深入了解学生的教育契机,进而产生"化腐朽为神奇"的教育教学效果,把课堂变成师生平等对话、探求真理的场所。教师从施教者变为学习者,从道德仲裁者到学生内心世界倾听者的角色转变,在引发课堂深刻变革的同时,也使自身获得了在专业领域与精神世界的共同成长。缺少教师实践智慧的课堂,儿童的天性和好奇心往往被扼杀,课堂成为相当一部分学生痛恨甚至恐惧的场所,寻求知识探寻真理、人际互动与交往的场所变为学生学习天性的屠宰场。学校教育最深刻的变革无疑发生在课堂里,发生在教师与学生之间日复一日、年复一年的交往活动中。道德教育改革呼唤课堂生活成为师生之间的精神性交往活动,成为师生精神家园的重要组成部分;课堂不仅是师生共同学习的场所,还是学生身心向往的生活场所,进而对学生的精神世界发挥价值引领作用。

(二)鼓励质疑:对知识真理性的追求

教室革命还表现为教师对教科书知识霸权的批判性思考与文化自觉。教科书的知识霸权在中小学政治教材中具体表现为国家政治意识形态的人为控制,在语文教材中表现为城市文化与城市文明对乡村文化和乡村文明的天然拒斥与抗拒。面对教科书知识的霸权地位,作为教师是自觉顺应与服从,主动扮演"社会代言人"的角色,还是拥有自己的评判标准与文化自觉,以及由此文化自觉可能招致的自我边缘化命运,进而对教师提出了更高的要求与挑战。

教室革命源于教师对生命课堂意义的主动建构。对于教师而言,按照教科书的要求完成规定的知识教学任务并非唯一的教学目的,保护孩子的童心和求知欲望是第一位的，这正是生命课堂的源头，也是新课改提倡的与教科书文本的对话与交流。同时，对于课堂生命的敏锐把握并非完全出于新课改的官方意志，而是源于教师自身的教育观念、教学信念，在长期的教学实践中积淀形成的实践智慧，以及建立在深厚文化底蕴和稳固的教育信念基础上的面对学生挑战的勇气。"吾爱吾师，吾更爱真理"，这样的教育观念在我国"权威至上"的政治文化背景下并不容易确立。提倡与生活对话、与教科书的文本对话，本身就隐含着"在真理面前人人平等"的教育观念，同时也建构了新型的教师角色内涵和人格类型，即教师应成为学生精神世界的倾听者、启迪智慧的引领者、探寻知识与真理的学习者。照本宣科、因循守旧、固执己见、不思进取的教师文化及其惯习将受到来自学生的革命性力量的冲击与挑战。课堂教学的无限魅力在于，学生在这里不仅获得了对其一生发展有用的知识和技能，而是在教师的引领下走上了一条发现与探索真理的道路。令人遗憾的是，这样的学习经历只是发生在少数充满教育智慧和人格魅力的教师的课堂里，而对于那些幸运的学生而言，这样的学习经历、人生经历无疑是一笔宝贵的精神财富。

总之，对于作为转化型知识分子的教师而言，总是能够自觉地将社会责任感与对教育事业的热爱、自己的专业知识与技能，以及教育实践智慧落实在自身的教育教学实践中，具体体现为独特的思维方式、行为方式对学生发生的潜移默化的影响作用，在他们身上实现了教师专业性与道德性的有机统一，而这正是道德教育的魅力所在。

综上所述，对于道德教育改革而言，其直接面对的制度环境——现有的学科体制及过度专业化的要求，越来越把教师建构成为专业的从业者，而对于教师道德性的要求则片面集中于班主任这支特殊的教师队伍身上，进而造成教师专业性与道德性的角色分离，以及改革效果的局限性。而回归生活的道德教育改革客观上要求全体教育者实现角色的重构，即教师作为转化型知识分子，应自觉担当起道德教育改革的重任。如何在作为教师的基本职业操守与现行教育体制的夹缝中求生存、求发展？这样的现实问题不仅拷问着每一位教师的良知，也直接影响着道德教育改革的实践进程，需要引起全社会的极大关注。

参考文献： ［1］吴康宁.德育三原则：神圣、日常、有趣［J］.中国德育，2008（11）.

［2］吴非.致青年教师［M］.北京：教育科学出版社，2010.

［3］［4］Giroux H. A. *Teachers as Intellectuals: Toward a critical Pedagogy of Learning* [M]. Granby, Mass: Bergin & Garvey, 1988.

［5］张盈堃，等.谁害怕教育改革——结构、行动与批判教育学［M］.台北：红叶文化事业有限公司，2005.

4. 在生活化的旗帜下：道德教育改革的话语实践*

回归生活世界道德教育理论的提出，因应了时代发展的需要，揭示了道德教育自身的内在规律性，因而一经提出，即作为一种先进教育理念的象征和符码，成为道德教育领域最具权威性和代表性的话语体系。这一话语实践便具有了超越自身思想内涵之外的形式化力量，即只要提生活化，就代表唯一正确的思想观念；生活化作为扭转政治对道德教育主宰作用的一种学术追求，可能演变为新的话语霸权，进而成为一种意识形态。为此，需要对生活化的话语政治进行社会学意义上的分析与批判，进而增强生活化理论的学术自觉和批判意识。

一、道德教育生活化的话语政治

"生活化"本身是一个充满歧义的概念，它以先进教育理念的符码形式，从专家话语到政策文本，并进入教育实践，这三种存在形态之间经历了怎样的话语转换或意义的流变与变异，甚至是误读？话语实践背后折射出怎样的社会现实？"生活化"这样一个充满着价值预设的哲学话语，在教育改革中是如何代言并担当起鼓舞、号召或解放等改革使命与责任的？哲学话语、政

---

*本文系全国教育科学规划"十一五"教育部重点课题"学校道德教育改革的社会学研究"（课题批准号：DEA060106）的阶段性研究成果之一。

治话语、教育话语是如何实现三位一体的价值同构的？在"众口一词""异口同声"的话语表象背后，隐含着怎样的矛盾斗争与现实利益的考量？抑或如其他领域的改革一样，成为一些人打着改革旗帜谋取个人私利的借口？总之，生活化的话语政治本身构成了道德教育改革这一社会事实的重要组成部分。

（一）生活化的话语分析

这里借用福柯的话语分析理论，对道德教育生活化的话语实践进行分析。福柯认为，话语是人类科学的知识体系，人类的一切知识都是通过话语获得的，历史文化就是由各种各样的话语组构而成的。话语与权力是辩证的同构关系，影响控制话语最根本的因素是权力，话语与权力是不可分的，真正的权力是通过话语实现的，话语既是权力的产物，又是权力的组成部分。权力影响话语，话语也影响权力，正如交谈能建立、维系或结束某种权力关系。"教育的重建暗含着政府如何通过'真理'和'知识'这类的教育产品去运用或强硬行使其权力。"[1]权力与知识是同一过程的两个方面，知识不反映权力关系而是蕴含在权力之中。因此话语是与能说出来和想出来的东西有关，也是与谁能说、什么时候说、在哪里说以及权威性的依据是什么有关。话语包括含义和社会关系，构成主观意义及权力关系。话语是"有条理地建构所谈论的客体的活动……话语不是关于客体的东西；话语并不认证客体是什么，而是建构客体并且在建构的实践过程中不加任何主观臆造"[2]。在任何社会，话语一经产生后立即被大量的程序控制、选择、组织和重新分配。这些程序的作用是转移话语的权力及其危险，控制那些不可预测的事情发生。在此意义上，教育既是一个话语实践的领域，同时也是一个权力斗争的竞技场。

福柯的话语理论启示我们，话语永远是具体的历史的，所谓隐藏在话语深层的思想或意义"核心"或"绝对真理"实际上是不存在的，意义随着时间、地点、环境等条件的变化而变化。[3]用话语理论来审视道德教育生活化的话语实践，可以发现：围绕道德教育生活化这一理论命题，说了什么或表达了什么并不重要，重要的是谁、在什么时间、什么场合，又是如何去言说的。

回归生活世界道德教育的话语来源主要有两个方面：首先是哲学的转向，即以胡塞尔为代表的回归生活世界的理论日渐成为哲学领域的主流话语；其次是来自实践领域，即由政府以行政方式推进的基础教育课程改革中提出的，体现或符合世界课程改革发展趋势的课程生活化、综合化的理念。在理论话语与行政话语的共同作用下，回归生活世界的道德教育理论的提出可谓水到渠成。

"生活世界"作为外来语被介绍到中国，因为源自西方哲学的特殊语境，进而成为一种强势话语①，在中国学术理论界并没有引起太大争议。道德教育回归生活世界从哲学话语到教育话语的转换过程，不仅没有遭遇任何的现实困境，包括时空条件、中外语境、实践场域等，甚至可以说采用了中西文化交流中惯常采用的简单的拿来主义的做法。

在回归生活世界的哲学语境下，回归生活世界的道德教育理论登上了道德教育改革的历史舞台，作为此次改革的标志性成果，在道德教育理论界引起了广泛关注，进而占据了道德教育理论研究的半壁江山。因应哲学界的生活转型以及基础教育课程体系的整体改革，回归生活世界的道德教育改革可谓势在必行。即便如此，回归生活世界的道德教育改革仍然有一个自我合法化的论证过程。其中，代表性观点有：

有学者提出，世纪之交我国公民道德教育实现了某种重构，形成了在"回归生活世界"理念指导下的道德教育。回归生活世界的道德教育是针对原来道德教育存在的"学科化、知识化、工具化"[4]倾向而提出的，努力克服的是道德教育与生活世界的疏离状态。道德教育与生活世界本是内在统一的，但是唯知识取向、遵循学科知识内在逻辑的道德教育却将由生活中产生的道德规范、知识作为本体，从活生生的人的生活世界中抽离出来，变成永

---

① 在中国对西方哲学的译介过程中，海德格尔等人的生活世界理论已渐成显学，甚至在一定意义上取代了马克思主义哲学的学科地位，可以中国某高校科学社会主义研究方向因没有生源而被迫取消该专业为证。

恒不变的信条，并以单向的、灌输的方式教给学生，最终使得知识学习的过程变成对生活的异化过程。

有学者进一步提出："生活化是中国新一轮学校德育改革的热点，它既反映了对杜威、陶行知等人的教育思想的回归，也表达了对现行德育使'学校教育世界'与'学生生活世界'相隔离的不满。"[5]

另有学者指出，近年来中国德育改革过程中一个具有进步意义同时也遗留颇多问题的命题就是"德育回归生活"。首要问题在于什么是生活，德育或全部的教育要回归什么样的生活？[6]

总之，从哲学的转向到基础教育课程改革的需要，从对中外生活教育思想的回归到对当下中国基础教育现状的批判与反思，生活论取向的道德教育比较容易地取得了理论界与实践领域的普遍认同。尽管理论界对于生活、生活世界的理解还存有异议，但却普遍认同此项改革的意义和价值。

其次，道德教育生活化被广泛接受的另外一个重要原因在于，生活化的话语本身兼具"学术话语与实践话语"的双重品质，既可以被专业人士所采纳，又可以为普罗大众所理解。因为每个人都在生活之中，生活构成了人的现实存在，人们对生活、生活化这样的概念并不陌生，容易理解，也容易接受。正如毛泽东所言，理论只有被最广大的人民群众所接受，才能发挥其能动作用。同时，生活化作为一种精神性表达，还体现了教育学者的人文关怀，是教育学人文化自觉的体现。生活化话语的提出并占据主导地位，标志着教育理论界学术话语与政治话语的渐趋分离与分化，同时也反映了道德教育内涵与功能的演变，即从教化、规训式道德，到追求意义价值的伦理道德；从强调道德的外在功能，到注重内在功能和价值引领的重大转变。

既然生活化成为基础教育课程改革的共同追求和发展趋势，为什么会成为道德教育改革的特有标志被写在改革的旗帜上？道德教育与生活化之间存在着哪些其他学科所不具备的内在关联呢？

这种内在联系首先体现在课程名称上，如小学品德课的课程名称为"品德与生活""品德与社会"。更重要的是，在课程内容设计上是以生活为本体论的。"'生活'这个概念本身就是一个主体与客体、自我与他者相统一的概念。我们之所以以生活为本体，而不是以'人'或'儿童'为本体，也是为了摒弃一种二元对立的思维模式。"[7]如果说其他学科是以知识形态分门别类进行学习的，那么品德课则是以完整意义上的人的生活为认识对象的，人与生活之间的关系不是主客二分的，而是在生活中学习道德、实践道德。道德教育与生活关系的特殊性决定了生活化成为道德教育改革的特有标志。

（二）生活化的意识形态批判

"意识形态，即指导维持现存秩序的活动的那些思想体系，它往往是以隐含的默会的知识形式作用于人们的认识活动；乌托邦，即往往产生改变现行秩序活动的那些思想体系，它往往体现了研究者或行动者的强烈的思想意识和价值取向。"[8]在曼海姆看来，这两种思想体系往往会遮蔽人们对客观的社会现实的理解与认识，导致认识上的误区。

如同其他理论学说一样，作为改革旗帜的生活化本身同样面临着被意识形态化的危险。"意识形态是行动的而非仅仅是理论的，它常常用来指导政治、社会、经济和教育政策的制定。意识形态的作用在于赋予一个群体的世界观、期望、计划和行动以理论上的合法性。意识形态并非表面上看来的以个人或群体的专门利益为基础的，意识形态的正当性或合法性诉诸一种更高层次的，似乎更具有概括性，因此更具有适用性的权威。"[9]一种理论或学说只有被作为国家的意识形态，才能发挥其行动导向和纲领导向的功能。

道德教育生活化之所以会成为一种意识形态，就在于它成了唯一正确的化身，尽管其在理论上尚有很大的讨论空间，而在实践中却被无条件地接纳，进而成为一种话语政治。而什么样的理论可以成为国家的意识形态，则有赖于社会发展和当下国家政治的需要。生活化之所以成为道德教育改革的旗帜，绝不仅仅是在理论意义上，更重要的是在实践意义上。因此，进入实践场域的生活化就不仅仅是理论家说了什么，生活化的内容是什么，而在于旗帜本身。生活化的符号意义远胜于其实质意义。正如作为国家意识形态的马克思主义与作为学说的马克思主义之间的区别。道德教育生活化作为一种意识形态，即认为凡是生活化的就是好的。而在生活化的旗帜下，既有真正改革者的艰难前行，也有保守者的不作为，更有反对者打着生活化的旗号，恪守自己的行为准则，对改革持消极抵制态度。在此意义上，道德教育生活化的意识形态批判要比究竟什么是生活化、生活化的内容和形式等具体问题的探讨更有意义。

道德教育改革从摆脱国家政治意识形态的单一控制，到生活化的意识形态化的演变过程，说明道德教育本身的非独立性以及对国家政治的依附性，进而体现了社会控制手段和技术的发展演变，即从宏大叙事到微观政治，从集体、民族、国家到个体生活的微观层面，其中折射出社会发展进步的印记，即道德教育作为一种微观政治，是如何实现对个体的思想意识和行为方式发生影响作用的。

道德教育的生活化取向代表着宏大叙事的终结和微观政治的兴起，从民族、国家、群体、集体观念到个人观念、主体意识的崛起。具体体现在品德课课程内容的改革中，即作为独立意义上的个体的思想感情、态度、价值观进入了课程的视野，从无人的课堂到有人的课堂的主体回归。在生活化旗帜下的道德教育改革还体现了从国家宏观政治到微观政治的时代转型，转型的背后体现了现实生活中人们对生活意义和价值的不懈追求和探索。在此意义上，也体现了20世纪80年代潘晓之问（"人生的路为什么越走越窄"）的延续，即普通大众对生活意义和价值的探索与追求。道德教育从对国家政治亦步亦趋式的追随，转向面对当下生活及人的生存状态，这样的转变，无论从何种意义上都意味着学校道德教育的自我松绑和自我解放。

二、生活化旗帜下的话语实践

在"……的旗帜下"，意在表明，在改革进程中客观存在着"以……之名，行……之实"。在同一旗帜和名义下，可能会有极其不同，甚至相互冲突的思想主张以及由此带来的截然不同的行动后果。在学校德育实践中，生活化一方面体现了道德教育从政治化的束缚下解放出来，向现实生活的回归，进而激发出学科教师的教学积极性和创造力，改革最终成为一种解放的力量，这无疑是道德教育改革的本意；另一方面，生活化有可能成为学校道德教育媚俗化、世俗化的借口，表现为放弃道德教育的超越本质以及对现实生活的价值引领作用，一味向现实生活中存在的一系列潜规则做出妥协与让步，如收受家长贿赂、钱权交易等，学校日渐成为争取各种社会资源和社会资本的名利场。这无疑是我们最不希望看到的与改革理想相悖谬的德育现实。

在生活化旗帜下的道德教育改革现实进而呈现出两种截然不同的镜像：一方面，对于一些薄弱学校而言，在残酷的升学竞争压力下，学校德育成为学校提高声誉、扩大生源的筹码和资本，抓好德育成为这些学校的重要生存策略之一；而对于那些占据着各种社会资源的名校而言，德育仅仅是在维持高升学率前提下的锦上添花工作，大做表面文章而无实际作为，成为这些所谓"名校"或"重点校"学校德育工作的应对策略。"只要学生升学成绩好，学校德育工作一定做得好"的行动逻辑大行其道，升学率的高低成为教育主管部门评价学校德育工作的重要价值尺度。

造成道德教育改革名与实之间巨大反差的原因除了对待教育改革的态度之外，还取决于观念向实践的转化过程中客观存在的种种制约因素，进而使得教育改革呈现出复杂多变的发展态势。以南京外国语学校仙林分校开展的班级管理体制改革为例，在这项以整合学校内部教育关系、实现教育民主为出发点的改革实验中，因为教师在思想认识和观念上存在的差距，班级管理体制改革在改革之初演化为一种新的治理术，即体现为教育民主的全员（包括全体任课教师、家长代表、学生代表）参与班级管理演化为一种新的管理模式，受到传统工作方式或思维惯习的影响，班级教育小组成员之间因为缺少合作导致管理效率低下等诸多主客观因素的制约，进而使得改革成效受到一定影响。在校长的管理理念与每个班级的管理实践之间客观上存在着诸多操作环节，而任何一个环节的缺失都可能导致改革的夭折。改革实践启示我们，一项改革的成功不仅需要正确的思想和观念，更重要的是要有一套设计合理、切实可行的执行系统。在任何一项改革中，人的因素总是第一位的，尤其是涉及每个人的切身利益问题，人对自身利益的得与失的现实考量、制度变革引发的对人的思维惯习和行为方式的深刻变革，成为改革进程中重要的制约因素。

如果说政治教育与生活之间是有边界的，而道德教育与生活之间则是无边界的，道德教育即生活本身，这是生活德育的基本理念。既然生活是千差万别的，那就意味着没有一种统摄一切生活的永恒不变的道德与道德教育。如果将这一理念贯彻到底的话，学校道德教育作为一种可能生活[①]，便不具有统摄一切的强制作用。这就意味着消解了道德教育作为一种国家意识形态的功能，这与学校道德教育这一制度设计是相违背的。生活德育理想与学校德育现实之间客观存在的诸多矛盾与背离，导致生活德育理想的实现过程必然会受到来自学校制度本身的层层限制。

面对来自教育现实的种种规限与制约，既然生活、生活化本身充满了开放性、多样性，没有也不可能有统一的标准，因此，生活化的旗帜既可以成为在道德教育改革中不作为的合法借口，也可以作为改革理想的自我宣言。至于回归什么样的生活、谁的生活，则全凭每个人的理解与解释。"生活化"这样一个极其模糊并具有不确定性的话语表达，成为道德教育改革的旗帜，与其说是思想性的表达，不如说是一种策略性的表达；与其说是各种社会力量之间权力斗争和利益博弈的结果，不如说是由政治话语、行政话语、学术话语共同搭建的利益表达的舞台，或在某种程度上实现共谋的结果。在这里，力量之争、话语之争，可谓你方唱罢我登台，各取所需，各行其是，成为学校、教师实现自身利益和价值的新的名利场。

在生活化的旗帜下，回归生活的道德教育实践呈现出众口一词的普适

[①] "学校道德教育作为一种可能生活"的观点受到赵汀阳《论可能生活》一书的启发。

化和趋同化现象。尽管对生活、生活化的道德教育存有各不相同的理解，但是人们却不约而同地选择了认同这一旗帜和口号。不管在实施中是否真的践行，这个现象本身是值得思考的。正如一位小学班主任所说，回归生活作为新课改的精神，是必须要知道的，否则是说不过去的。但是，知道是一回事，是否真的去做是另外一码事。其实，不管新课改如何提倡，学校现实仍然是应试教育那一套，还是围绕着分数转。尽管我也兼品德课，说老实话，是不可能把更多时间放在备课上的。这种情况在班主任身上是非常普遍的，除非是这个学科的负责人会认真备课上课，大部分教师对这门课是应付的。

既然实践场域中存在着教育理想之外的另外一套评价标准，那么，无论理论界提出什么样的理论，对于实践中的教师而言，并没有太大的差别。从专家的思想学说到教研员的学科宰制，再到教师的教育教学实践，道德教育改革总是受到具体的时空条件的限制，而非在真空中进行。

三、作为改革共识的生活化

人们通常认为，改革一定是对某一理想目标达成共识之后的结果，因为只有目标一致，才能有一致的行动。在人们的思想观念中，对改革共识往往会持有一种政治运动式社会变革的幻象，即在人类历史上，社会变革或社会运动往往被塑造成"万众一心，众志成城；振臂一呼，应者云集"这样的历史图景。而在现实生活中，任何一项变革因可能涉及每个人的切身利益，都不可能是众口一词，而是各执一词。站在抽象的集体立场上，以大众的声音讲话，只能体现为一种话语的霸权。因此，改革共识毋宁可以看作关于改革的乌托邦。

作为改革共识出现的命题往往表现为一个个宏大叙事或永远正确的真理。如在课程改革纲要的起草过程中，最初只有"为了每个儿童的发展"一句话，但是经过相关部门审查后，则在前面加上了"为了中华民族的复兴"，即作为一种国家行为的课程改革不可能仅仅满足家庭、个人的需要，而必须把国家的利益放在首位。即在改革目标的表述中，必须兼顾国家利益与个人利益，改革绝不可能代表某一个阶级阶层的利益，起码在语义表达上必须传递出如此的信息，即改革总是以代表最大多数人民群众的利益为出发点和借口的，而改革的实质则在于，作为旗帜或宣称的全人类利益、民族国家利益、每一个学生的利益，其最终付诸实现者往往是某一具体阶级、阶层的代言人，即每个社会中上阶级阶层的利益。在中国，则可能是占人口总数的大约23%的中产阶级及其代表。[①] 这些人如何可以做到超越自己所属阶级和阶层的利益，进而担当起所谓公共知识分子的重任？起码这样的前提是值得怀疑的。

而这样一些极具抽象性、概括性表达的宏大叙事因为抽离了具体的实践经验和时空条件，一旦进入实际操作层面，面对改革可能涉及的具体的人、财、物等现实问题时，往往不具有对现实的指导意义。而一旦进入实践场域，则往往具有无限的解释空间。同样是在"生活化旗帜下"的道德教育改革，既可以作为变革现实的力量，也可以成为一种保守力量；既可以培植出变革现存社会秩序的革命性力量，又可以演绎出"存在即真理"的结论，培养现存社会秩序的维护者。这样一种具有无限解释空间的宏大叙事，往往很难发挥其对于教育实践的具体指导作用。在观念正确的前提下，如何面对具体的实践问题，使改革沿着正确的方向和理想的预期顺利发展，则是尤其需要关注的问题。

在道德教育改革进程中，生活化最终成为与政治化相抗衡的力量，在政治意识形态的控制下获得其话语权，进而成为道德教育改革的共识，这一切是如何发生的？作为改革共识的生活化，何以成为可能？

所谓共识的达成，更多的是指在理念或观念层面形成的共同认识，即建立在原则上正确或原则上同意的基础之上，但是否执行要视情况而定的行动

---

① 数据参考了2011年中国社会科学院社会学研究所"当代中国社会结构变迁"课题组发布的研究成果。

者策略。改革的艰难恰恰在于从观念到实践还存在很大的距离,需要面对一系列的具体问题,如作为道德教育改革重要内容之一的对已有学校文化、教师文化以及根深蒂固的思维惯习的改造等。只有少数改革精英可以站在民族国家的立场上,甘愿放弃和牺牲个人的一己私利,勇于担当改革的重任;多数人即便对于发生在个人身边、直接关涉个人利益的变革,如绩效工资、教师轮岗制的实施等也会采取或徘徊观望,或消极抵抗等不同态度。面对教育改革这一可能触及人们的思维方式、行为方式等层面的深刻变革,每个人都可能有不同的心态史,以及由不同心态史决定的不同的行动逻辑。共识的达成更多地存在于改革初期的发动和动员阶段,是一种寄托着改革设计者价值预设的"理想型"。

所谓改革共识,主要是符号或象征意义上的,除了以一种"理想型"的观念形态(当然不能忽视在改革进程中观念的力量)存在外,还会以国家政策文本的形式表现出来,进而带有较强的行政命令色彩,要求每个人必须执行。作为理想型的思想统一的观念要想转化为实践者的行动,还会受到此时此地诸多主客观因素的制约。人们对待改革的态度,不可能是振臂一呼应者云集式的,而是更多地从改革是否对自己有利的切身利益考量出发,做出或积极或消极的反应。现实利益的考量成为决定人们是否支持或反对改革的重要个体因素。另外,作为集体一员的行动者,也会视改革所处的具体时空条件而审时度势,最终做出行动与否的判断。实际的改革进程并非按照设计者预定的时间表和流程进行,而是充满着不确定性和各种变数。理想与现实,时间与空间,场域与情境,预设与生成,多种因素错综复杂地交织在一起,共同构成了改革的变奏曲。教育改革中普遍存在的客观事实是,说与做的分离,理论上正确的并不一定会成为现实。比这种事实更严峻的是,人们对这种事实的默认已成为一种思维惯习,进而导致在行动上的不作为或消极抵抗。

如果说存在一个具有普适性的改革共识的话,那么这样的共识或者来自自上而下的行政政令,或者是具有普适性的发展趋势,所谓大势所趋,抑或一个较具影响力的理论命题。无论是行政命令，还是大势所趋，抑或理论命题，都代表着占据强势地位的话语霸权，在实践进程中往往缺少自上而下或自下而上的互动交流过程。现实教育问题的当下性以及改革的紧迫性，往往不允许这样的磋商或等待过程。在此意义上，改革共识的达成在最初意义上只能体现为强势一方的一厢情愿，而非理想状态的普遍认同。从实践层面分析，共识的达成需要时间，需要不同利益集团间的磋商与博弈，以及每个参与者对自身权力利益得失的权衡与较量。这个过程往往比较漫长，而一项改革或变革的紧迫性、当下性往往不允许这样的等待，尽管理论上讲每个人都有选择的权利与自由，但是在实践过程中总是采取先做起来再说的行动策略。

综上所述，道德教育生活化作为一个本身充满歧义的理论话语，之所以成为道德教育改革的旗帜或改革共识，背后往往有着深层次的社会结构和文化因素。首先，经历了"文化大革命"、改革开放的中国社会，人们对于政治与生活的关系有了新的认识和理解，政治不再是生活的全部，从国家政治意识形态的禁锢中摆脱出来，追求和向往个体美好生活成为国人生活的目标和理想，生活化在很大程度上反映了普通人的心声。从学人的实践来看，生活化则意味着个体思想观念的解放（从单一的政治话语中解放出来）和选择的多元化。其次，从全球化的角度分析，道德教育生活化也有其产生的国际背景，从杜威的生活教育思想。到胡塞尔回归生活世界的理论，生活世界的理论以及对于人的普遍关注已经成为人文社会科学领域的显学。而置身于中国社会转型这一宏观背景下的道德教育改革的话语实践过程，即道德教育生活化的本土实践过程，则远比这一理论自身的提出及发展演变过程要复杂得多，因而也更能凸显社会学研究的意义和价值。

参考文献： [1][2][英]斯蒂芬·鲍尔.政治与教育政策制定——政策社会学探索[M].王玉秋，等，译.上海：华东师范大学出版社，2003.

[3]王治河.福柯[M].长沙：湖南教育出版社，1999.

［4］刘志山.道德教育与现实生活的辩证发展之路［J］.辽宁师范大学学报（社会科学版），2005（5）.

［5］朱小蔓，刘次林.转型时期的中国学校德育［J］.上海师范大学学报（哲学社会科学版），2009（6）.

［6］檀传宝.高低与远近——对于"德育回归生活"的思考［J］.人民教育，2005（11）.

［7］鲁洁.回归生活——"品德与生活""品德与社会"课程与教材探寻［J］.课程·教材·教法，2003（9）.

［8］［德］卡尔·曼海姆.意识形态与乌托邦［M］.黎鸣，李书崇，译.北京：商务印书馆，2000.

［9］［美］杰拉尔德·古特克.哲学与意识形态视野中的教育［M］.陈晓瑞，主译.北京：北京师范大学出版社，2008.

5. 学校德育的社会建构
——兼论道德批判的困境*

一、道德教育社会学研究的两种不同取向

以往的社会学理论对道德教育的研究，大致存在着两种不同的取向：解释取向与批判取向的研究。前者重在论证道德以及道德教育存在的合理性，以涂尔干为代表的早期社会学对于道德研究的贡献在于，从人的社会性出发，论证道德存在的合理性和普遍性。涂尔干指出，人类的社会亲和性"是道德进步的自动因素"[1]，人类的社会性不仅造就了普遍的社会联系，而且也成为规范这一社会联系的道德根源。若从道德的角度分析，道德植根于人类的社会性和他们之间的社会联系。道德现实的特点在于，其性质是社会性存在，是集体先于个体而存在的。个体身上所具有的优秀品质无疑都是社会性的，即社会永远是高于个体存在的。"道德是为着现实生活的需要而建构出来的"[2]，道德内生于现实的和具体的经验事实，而非某种主观意志或个人选择。

既然道德不是一种主观或纯粹的个人建构，而是一种外在于我们的客

---

* 本文系教育部人文社会科学重点研究基地项目"学校德育模式的社会学研究"（项目批准号：02JAZJD880013）的系列成果之一。

观社会事实，那么对道德的研究就不能采用观念的分析或纯粹逻辑推理的方法，而应当运用"实在的科学分析"的方法，即经验主义的外部观察方法。道德是在某种具体而稳定的社会联系（或社会关系）中被建构和实施的。如果说人的亲和性或社会本性是道德生成的根源，那么，人与人之间结成的社会联系则是道德形成的必要条件。只有建立了稳定的社会联系，才能在他们之间形成某种超越个人利益的集体情感。

道德性是人的社会性的具体体现。人与社会的关系体现为人与道德规范和制度之间的关系：对于既有的社会、学校的道德行为规范，人们一方面被动地接受，无奈地服从，同时也以不同的方式，在某种程度上创生着新的道德规范。人既为已有的规范所约束，同时又在规范内不断创生着自己的生活。人人皆在制度中生存，或选择顺应，或选择抗争。制度为人的自由发挥提供了必备的空间，即自由不断超越的对象物。从根本意义上，个人与社会是内在统一的，而不是相互对立的。当一个人只拥有自我时，他所拥有的不过是一个不完整的自我，因为人在很大程度上是社会的产物。人类身上所有最美好的东西，所有高等的行为方式，都来源于社会。道德的起点就是社会生活的起点。道德体系是由同一个社会建构起来的，这个社会的结构也会真实地反映在这一道德体系之中。正是社会规定了我们针对自身的义务。社会要求我们在自己身上培育一种理想类型，它之所以需要这种类型，是因为这样做是社会的一种至关重要的利益。

道德权威的产生，权威之所以被称为道德的原因在于，权威存在于人的心灵之中，而不是物之中。道德来源于人类集体生活的需要。纯粹意义上的个人生活无所谓道德不道德，道德普遍存在于处理个人与他人的关系之中。因此，道德权威只能是来源于集体生活，它在很大程度上超越了个人权威，即社会的力量大于个人的力量，它是个人力量的集合。

那种最能够满足构成权威的必要条件的存在，就是集体存在。由此可以得出结论：社会无限地超越个人，不仅在物质范围内如此，在道德权力上也如此。权威并不存在于某种外部的、客观的、从逻辑上蕴含着道德并必然会产生道德的事实之中。权威完全在于人们对这样的事实所持有的观念。这是一个舆论的问题，而舆论则是一种集体事物，是群体的判断。正因为道德是一种社会的存在，所以人身上最优秀的品质一定是社会性的，而非个人性的。在道德权威身上体现的往往是人类普遍的人性和美德，它是超越了某些个人的生物性存在的，而体现为一种精神性的存在。道德是善的，因为它在我们看来是一种可求的东西，一种受到珍爱的、我们通过意志的自发冲动去追求的理想。在我们看来，道德无疑具有双重面孔：一方面，道德作为一种绝对法则，需要我们完全服从；另一方面，道德作为一种完美的理想，我们自发地追求着它。涂尔干的道德教育理论的出发点是人的社会性以及人对道德的普遍需要，认为社会是高于个体存在的。

以福柯为代表的批判取向的社会学则是从个体的人作为出发点，强调道德与社会秩序对人的约束与规训，质疑现存道德秩序存在的合理性，重在对既有社会或道德秩序进行批判和解构，强调个体对既有社会规范的超越。福柯把社会理解为"全景式的监狱"，强调社会对人无处不在的控制，个人在制度化的学校或社会中的存在是一个不断被规训和惩罚的过程，毫无自主或自由可言。福柯的批判可谓彻底而又深刻，但仅仅认识到社会对人无处不在的控制是远远不够的，关键是我们每个人都身在其中，都是制度的一部分，既是作为受体，同时也是制度的受益者。人在社会中生存，即在制度中生存，无时无处不受到制度的规约。制度为我们每个人提供了一个生活的基点或舞台，人们一方面受到制度的规约，一方面也在不断地建构着制度或游戏规则。与其说人是生活在意义之网中，不如说是在制度之网中。道德的现实是被生活于其中的人所创生的，想彻底摆脱制度对人的规训与束缚，犹如抓住自己的头发离开地球一样。因此，对于道德领域或社会领域存在的问题不是简单地采取"推翻"或"革命"的手段就可以解决的。源于处理人与人、人与社会之间关系需要的道德问题，在很大程度上已演化为人同自己的创造物——制度之间的关系。人的能动性表现为人既受到制度的规约，同时也不断创生着新的制度或规范。

两种理论为我们提供了认识学校德育现实的两种面向、两种视角。在实践层面，我们在中小学校、课堂上看到的是什么，是同研究者的观念系统、价值预设分不开的。所谓的教育现实，仍是研究者主观构建起来的现实。"你想看什么"（研究者的预设或前见，即价值层面）在很大程度上决定了"你看到了什么"（事实层面）。从批判的立场出发，我们看到的是制度对人的规训与惩罚及人的不自由；从建设性的立场上，看到的是制度中人的生存智慧、教育的艺术，以及人对制度的抗争和有限度的改造与创生。所谓的学校德育现实，在很大程度上是人们主观建构的结果。

二、学校德育的社会建构与德育系统的形成

既往的社会学理论对学校道德生活有两种不同的理解：

（1）监狱说：主要源于福柯的《规训与惩罚》一书，认为学校里的时空设置、内容安排等都是制度化的教育对人的言行的规制，是对人的自由的限制和约束。这种观点忽视了道德产生的根源在于人对于集体生活的向往和归属感的需要、必要的纪律和约束对于社会生活的重要性，以及个体生活的意义之所在。否则，我们就无法解释这样一种规训与惩罚体制何以长此以往地存在下去。

（2）需要说：认为学校道德生活的人为性正是学校存在的合理性、合法性的理由。它基于道德的根本属性在于对现实生活的超越性。如果去除了学校道德生活的人为性以及它与世俗生活之间的必要张力，学校的道德生活就失去了存在的必要性。学校的道德生活并不完全是一种人为的安排，传道授业解惑是学校教育的完整组成部分。只要有人群聚集的地方，就有道德存在的土壤。学校作为一种制度化的存在，只是晚近的产物。学校的道德生活广泛存在于学校场域之中，并成为学校教育的重要组成部分。时空对人的规限是教育资源有限性的反映，在班级授课制的教学组织形式下，秧田式的课桌椅排列成为最大限度地利用教室空间的唯一选择。学校正是在一系列的时

间、空间、教学内容和组织形式的人为化的安排中，使学生初步获得了集体生活的体验和纪律的观念，学会了服从和对本能的约束以及对于集体生活的认同，实现了对群体生活归属感和安全感的需要，从而为将来进入社会并适应社会生活打下初步的现实基础。尽管学校与社会之间的围墙在渐渐打破，学校教育日渐世俗化、庸俗化，但相对于社会而言，学校仍然是一片净土。尽管有人主张这种世俗化、庸俗化还很不够，学校应该与现实生活丝毫不差，应彻底打破学校与社会、与现实生活的区隔。而取消学校教育的人为性、计划性，就意味着学校的最终消亡。

学校德育系统的构成：

学校德育系统是由组织的系统性，目标的超越性，内容、形式的完整性及教育者的集体无意识等构成的。具体分析如下。

（1）组织的系统性。形成了从党、团、学生会、少先队、班主任、辅导员、学校党委系统等层级化的管理体系。（2）目标的超越性。具体表现在意识形态的层面以及普通道德的层面。前者在于对学校培养的人才规格的构建，如全面发展的人、有理想有道德的人等，后者表现为教育教人向善的价值追求。（3）内容、形式的完整性以及人为化的安排。例如，学校德育是一个庞大的系统，从小学、中学到大学进行的是系统性的学习和教育。同时，学校里的时间和空间被赋予了特殊的道德意蕴等。（4）学校道德生活的虚拟性和超越性。即学校生活是一种人为构建起来的理想化的生活，师生关系是一种理想化的人际关系。它同世俗化的生活始终保持一定的距离，体现了教育的超越性的特点。（5）教育者的集体无意识，表现为对教师所应扮演的教育者角色（道德权威）的无意识认同。尽管一些具有现代意识的教育者能够自觉放弃或反抗这一角色的扮演，自觉地成为学生成长中的伙伴或指导者，但是学校教育存在的前提条件是"学生的向师性"，教师的教育性倾向仍然构成学校德育的内核。（6）作为教育手段的话语方式，道德教育区别于一般的认识活动，即在道德教育过程中，情感作为重要的教育手段和媒介是不可缺少的。离开了教育者自身的感情介入，道德教育势必成为道德说教。

学校道德教育的体系化、系统化的构建方式，在很大程度上是同道德教育发生的随意性、偶发性相背离的。人类学强调的道德教育的个人境遇性，个体与知识之间、人与人之间发生的遭遇的意义（真正意义上的教育），往往被湮没在制度化的时间、空间对人的规制中。道德行为应建立在行为主体的高度自主选择的基础之上，而不是教育者施加强制的结果。

三、问题与思考

（一）事实层面的道德教育与价值层面的道德教育

当我们使用"学校里的道德生活"的概念时，本身存在着两个层面的理解：作为社会事实客观存在着的学校道德生活（例如在学校生活中每天都在发生的一个个让人感动的教育故事）以及作为价值判断的道德生活（同时还应有非道德的或不道德的生活）。之所以存在理解上的歧义，关键在于对道德的理解本身。当我们把道德仅仅理解为协调人与人之间、人与社会之间关系的一系列行为规范或规则时，道德仅限于事实层面（道德的有与无）；当我们把道德同人的人生观、价值观联系起来时，就有了"正确与错误""好与坏"的价值判断，涉及的往往是价值层面的主观判定。即我们通常是把符合社会或学校要求的理解为好的、正确的，相反的就是不好的、错误的。区分事实层面的道德教育与价值层面的道德教育的意义在于，事实层面的道德教育是作为社会每一个成员都必须遵守的底线道德，是容易确定和规约的，而作为价值层面的道德教育则充满了歧义性、个体差异性和多种可能性，是难以用统一的标准和尺度加以限定的，也是作为道德教育需要理解与尊重的。学校道德教育和道德生活仅仅是为学生提供的一种可能生活，而不是学生的唯一选择。

而作为意义层面和价值层面的道德教育往往是建立在对于社会所需要的总体性道德人格以及具有总体性特征的学生需求的假设基础之上的。"一切为了学生"往往成为一切教育改革的合理化借口,尽管作为改革者很少去了解不同学生的愿望或需求是什么。而这种假设往往是无法求证的,仅仅具有理论上的自洽性,作为研究者是无法言之凿凿地把个人的这种假设作为具有普适性的真理推而广之的。因此,当我们以"站在学生的立场上,以学生的名义"讲话时,需要警惕如何避免研究者的个人好恶成为一种教育的霸权。

（二）对于学校德育合理性的追问

如果说学校道德生活仅仅是一种可能生活,而不是学生的唯一选择,那么,学校德育的合理性何在？我们根据什么告诉学生"我们所希望的就是好的生活"？学校德育的合理性无疑是建立在对总体性的社会（预设中普遍认同的理想社会）和总体性的人的需求的预设基础之上的。离开了研究者或实践者的预设,道德教育几乎寸步难行。而对于预设本身的合理性,却成为研究的终极追问,或研究不能企及的"到此为止"。也就是说,对于理想和信念是不可追问的,或者说是仅凭认知不能企及的。

（三）教育权威、教育暴力与教育意识形态

教育权威是一种表现为以合法强加的权利形式实施符号暴力的权力。[3]在教育实践中,施教者的教育权威并不是某些部门或机构赋予个人的,它完全是教育制度的产物。对此,教者与被教者都不会发生质疑和疑问,并视为天经地义、不证自明的客观存在。在此基础上,教育行为才得以发生,并且具有了超越时空的影响力。尤其是当教师的权威是建立在"一切为了学生"的良好的愿望基础之上时,即建立在教师的教育爱基础上的权威更是难以质疑。例如,为了学生能有一个美好的未来,而牺牲当下对生活的全面认识和理解的应试教育,作为教育者,往往是建立在动机良好、出发点是好的基础上,对学生施加自认为正确的教育。即作为教育者的理想和信念往往是不容置疑的。否则,一切教育行为都无法实施。不断质疑和追问的最终结果往往是,有教育比没有教育强,有目的比没有目的强,不管这种教育目的是否合理。教师对学生发展的人为干预成为一切教育存在的先决条件。

学校道德教育的权威性、强制性，并不必然地导致道德权威的建立。道德权威的建立更多的是建立在教师或教育者的人格魅力基础之上，并引起了受教育者情感上的共鸣和认同。作为教育制度先天赋予的教育权威，同建立在教师人格魅力基础上的个人权威是不能等同的，只有后者才具有道德教育的意义。所谓教师要有教师样，学生要有学生样，教师不能混同于学生，教师的权威是自身生存和发展的需要，一个没有能力的教师也必须维持在学生面前的权威。教师的权威可以同自身的能力相分离。因此，教师要谨防制度赋予自己的教育权威演化为一种教育暴力，同时还必须对自身的阶级、阶层意识持有一种自觉，警惕潜意识中的意识形态化倾向。

（四）研究者的立场问题与道德批判的困境

当我们把学校德育的目标定义为培养理想的道德人格，让学生过一种有道德的生活时，可以说，学校德育充满着教育者的价值预设，所谓过有道德的生活只能是作为教育者预设的"理想"生活，是教育者预设了受教者的道德需求，而对于这种预设的合理性，并非是不证自明的。这就是道德批判的困境：当面对实践领域出现的一系列问题或困境时，作为研究者，对于自己所坚持或坚守的理想和信念，并不必然地可以推及他人乃至整个社会，尤其是在今天这样一个价值多元的社会。不仅是"己所不欲，勿施于人"，即使是"己所欲"者，也未必一定"施于人"。理解与尊重可能是更好的选择。由此看来，研究者的立场问题在道德教育研究中是至关重要的。研究者的个人偏好可能会在某种程度上曲解教育的现实。因为道德教育研究如果去除了情境化、脉络化，脱离了当时当地的教育情境，就会成为"为了批判而批判"的纯粹的智力游戏，对于实践性极强的德育实践会产生误导作用。所以，研究者的立场问题、道德教育研究的方法论问题就显得尤为重要。当研究者指涉道德问题时，是不能把自己的生存境遇和研究立场，以及自己的阶级、阶层利益悬置起来的。

（五）道德批判的指向性问题

1. 对已有的道德规范重新赋义或解读。

道德批判如果仅仅停留在认知层面，而不涉及批判者自身的践行，以及对实践的关注，就会仅仅停留在"事后反思"的层面，而不关乎道德的当下性。道德批判本身就会成为说教。与其说道德批判的任务在于不断地解构，不如说是对已有的道德规范重新进行赋义或解读。在社会急剧变化的时期，尤其呼唤道德秩序和规范的重建。西方社会的解构主义是建立在人类文明高度发展，社会高度秩序化、规范化的基础之上的。而当下中国的社会现实是，社会转型期道德的普遍失序，所需要的并不是西方意义上的解构，而是道德秩序的重建。认识论上的解构主义有可能带来道德领域的秩序丧失和无序状态的出现。而这种重建在很大程度上意味着对已有道德规范的重新理解和解释。道德作为一种关系性思维，随着家庭结构、社会结构的多元化，大众传媒的普及化，理应有新的时代内涵。

2. 关注现实中的问题，实现道德批判的实践品质。

道德批判的实践意义在于，解放实践者的思想，通过批判与质疑，突破固有的思想观念的束缚，在实践中发现新的道德教育问题，不断创生道德实践智慧。在直面现实的分析与批判中，实现道德批判的实践品质。本文试图解构的是人们惯常地对总体性的社会、总体性的学生以及学生需求的不证自明的理解与判定，回归教育以及道德教育中的人的复杂性和多样性。在我看来，这也是道德教育难以触及或面对现实生活中的诸多问题的认识论的误区。有什么样的生活，就有什么样的道德。道德的阶级性使我们不能漠视道德主体的复杂多样性，学校道德教育要培养的究竟是谁的，哪个阶级、阶层的道德？处于社会底层的农民的道德与占据社会主流地位的阶层的道德，是不同的。他们的子女不仅在知识学习中处于弱势地位，在道德学习和学校道德实践中同样处于不利地位。即在学校道德教育中的主流文化和价值观念仍然是占支配地位的中上阶层的价值观念和文化取向。从某种意义而言，学校德育承担的是为社会立言、为道德立言、培养有道德的人的任务或目标，可谓不能承受之重！学校德育究竟能在多大程度上影响一个人的品德的形成，尤其在今天这样一个信息时代，多元化的价值取向或影响渠道共同作用于年青一代的精神成长，作为研究者，对学校德育面对的现实应多一份理性的思考和判断。

3. 对道德教育研究的反思。

随着制度化学校教育的诞生，道德教育日益从教育的日常生活中游离出来，变成德育、智育、体育、美育、劳动技术教育"五育"并举中单列的一类，并不断走向学科化、制度化、体系化、操作化、模式化的知识系统之中，道德教育更多地体现为知识化的形态，而不是生活中不断体验、践行着的实践活动。尤其是忽视了作为潜在课程的师生活动与交往中的情意互动，而作为一种陶冶和影响的道德教育恰恰存在于非制度化的人际互动过程之中。在道德教育学科化的建构过程中，产生了日益庞大精细化的道德教育研究队伍与日益复杂化的德育实践之间的背离。学科、知识、权力三者之间的结合，共同建构了今天道德教育研究的现实。从方法论的角度看，道德教育实践与道德教育研究的最大区别在于，实践的情境化、脉络化、当下性、非反思性与道德教育研究的认知化取向是相违背的。

道德教育研究需要澄清作为社会人的基本行为规范的底线道德规范与作为一种精神境界的人生理想与价值之间的界限。即作为道德规范是人人必须遵守的，它以规范、制度、纪律等形式体现出来，是带有强制性的，是人的社会化过程的重要内容。而作为人的道德理想境界是有个体差异性的，是难以用统一的标准去衡量的，也是学校道德教育着力为之却难以见到成效的。

参考文献： [1][2][法]爱弥尔·涂尔干.道德教育[M].陈光金，等，译.上海：上海人民出版社，2001.

[3][法]P.布尔迪约，J.-C.帕斯隆.再生产——一种教育系统理论的要点[M].邢克超，译.北京：商务印书馆，2004.

6. 漫谈学校德育的功能定位

当下学校教育处于升学主义的超负荷运转之下，教师和学生面临过重的负担和压力，这给青少年的身心发展带来诸多不利影响，例如青少年的身体素质、心理素质普遍下降，人际交往能力缺失等。这些问题折射出的是当下学校教育的价值缺位，仅仅以知识为中心，而忽视了青少年身心发展的需要以及社会对人的综合素养的要求。在学校价值导向整体缺位的背景下，课堂教学的主阵地演变为单纯的知识传授，学校德育则被赋予了知识教学之外的全部功能，如学生行为习惯的养成教育、政治教育、思想教育，以及社会赋予学校的其他要求。学科教学与学校德育的人为分离，导致学科教学丧失其应有的教育性，而学校德育在流于形式的同时，也难以落到实处。解决当下学校教育中普遍存在的学科教学与德育工作"两张皮"的现状，唯有从学校教育的价值取向和整体设计出发，而不是就德育谈德育。

一、从学科立场转向教育立场

当下学校教育在价值取向上体现了一种学科知识本位的倾向，学校一切工作都围绕着升学考试转，升学率成为评价一所学校的唯一指标。尽管素质教育与应试教育之争由来已久，但学校教育在应对社会外界对学校的考量，以及就业市场对人才标准的片面理解时，往往采取一种被动适应和妥协的态度，并没有发挥学校教育应有的价值导向和引领作用。为此，学校教育在价值导向上应实现从学科立场向教育立场的转变，树立"以人为本"的教育观和全面发展的人才观，基础教育阶段尤其要把做人的教育放在首位，重视青少年世界观、人生观和价值观的养成教育。

二、树立学校教育的整体观

在面对当下学校教育的诸多现实问题时，很多人会表现出一种无能为力的无奈，似乎只能坐等学校内部和外部环境的改变。其实，每个人都构成当下教育现实的一部分，只有通过个人的改变才能带动周围人的改变。为此，需要树立整体观念和全局意识，克服因角色分工带来的思维惯性和文化惰性。一个问题即所有问题，每个人都从自己出发，从当下出发，做好自己的本职工作，关注每一个教育细节，把与学生的每一次相处当作一次教育历程，而不是例行公事，不是执行一次任务。作为学校管理者尤其要注重发挥学校教育的价值引领作用，在学校内部管理体制改革中有所作为。遵循教育规律和学生身心发展规律，克服官本位思想以及仅仅对上负责的意识，改变学校教育中的管理主义取向，树立学校一切工作都要服务于学生和教师的意识，善于整合利用各种教育资源，营造一个全员育人的教育环境和氛围。

三、强化学校德育的主体意识

学校德育工作长期处于为教学服务、完成上级教育主管部门下达的各种临时性、指令性任务，表现出"说起来重要，忙起来不要"的可有可无状态，同时，德育工作又承担学生安全问题，这使得学校德育工作处于一票否决制的境地之中。学校德育主体地位的丧失，导致学校育人功能的下降。为此，需要从全面育人的整体设计角度，重新定位学校德育的功能，克服学科教学和学校德育"两张皮"甚至"多张皮"的现状，整合学校德育资源，进行班级管理体制改革,实现学科教学与学校德育工作、学科教师与班主任教师的有机整合,充分发挥学校德育的价值引领作用。

总之,当下学校德育存在的问题并非学校德育自身的问题,而是整个学校教育问题和社会教育问题的集中体现。因此,应树立学校教育的整体观,立足当下教育现实,发挥每位教育者的主体作用,努力营造一个有利于学生全面健康发展的育人环境和氛围,进而发挥学校教育应有的价值引领作用。

7. 道德教育实践的话语分析
——讲道理与讲故事*

回归生活的道德教育作为道德教育改革的共识，正逐渐被理论工作者和实践工作者所接受，具体表现为从观念层面到操作层面发生的一系列变化，如从道德教育到道德学习的观念转变，品德课的教材改革及课堂教学实践等。在这些变化之外，话语方式的变化并没有引起人们的关注，而话语方式作为思维方式的外在表征，以一种不易觉察的方式无声地传达了人们对于道德教育的内隐性知识，即当人们在操作着一系列关于道德教育或道德教育改革话语的同时，其观念深处及思维方式可能与自己宣称的理念截然相反。透过人们的话语方式可以发现，道德教育的观念转变仍是一个艰难的过程，绝非人们想象的或口头宣称的那样简单。

运用话语分析的方法，我们发现，在学校道德教育实践中存在着两种不同的话语方式，即讲道理与讲故事，进而体现了两种不同的道德教育思维方式。

---

* 本文系 2011 年度教育部人文社会科学重点研究基地重大项目"青少年交往与道德学习的社会学研究"（项目批准号：11JJD880019）的系列成果之一。

一、讲道理与言说式道德教育

所谓讲道理，就是我们通常所说的说服教育，它以人类的普世价值作为道德教育的核心内容，进而形成所谓的德目，分类型、分层次地对学生实施教育；在话语方式上，以对客观真理的宣讲与言说作为教育手段，以简单知识的形式呈现出来，可以通过考试的方式加以衡量与评价。教育过程往往采取从一般到特殊的演绎式思维方式，即在对德目进行宣讲的同时，配合以具体案例的说明。言说式的道德教育建构了不平等的师生关系，即教师作为道德教育主体的优先性和身份的合法性，进而以绝对真理的化身出现，容易忽略具体的时间和空间的特定性，以及教育对象的可接受性；道德教育表现为一种道德规范的绝对命令，道德律令往往以"不能这样、不能那样""应该这样、应该那样"的话语方式呈现出来。如《中小学守则》规定的"热爱祖国，尊敬老师"等要求，学生只能作为受教育者，而不是道德生活的主体。

言说式的道德教育可谓直接的道德教育，或告诉式的道德教育，即将一些做人的道理以简明扼要的语言直截了当地告诉学生，而不是转化为每个人的具体行动。这样的道德教育往往是冷冰冰的，没有血肉或温度的；言说者或教育者往往是高高在上的，仅仅作为道德教育的旁观者而不是局内人，游离于具体的问题情境之外，与教育对象之间形成一种天然的对抗性关系。这样的教育培养出的往往是千篇一律的道德评论家，而不是有血有肉的独立生命个体。具体到学校德育实践中，我们看到的是从小学生到大学生身上表现出的道德话语的高度相似性以及道德思维品质的一致性，培养出的往往是语言的巨人和行动的矮子。这样的道德教育往往指向于道德规范本身，是向外的，而不是内省的。即马克思主义的手电筒，只照别人不照自己。这样的道德教育注重的是学理性的知识体系，遵循的是学科化的科学思维逻辑，而不是实践的逻辑、生活的逻辑，因而，它与学生的生活和生命体验是格格不入的。

二、讲故事与体验式道德教育

在学校道德教育实践中还存在着另外一种教育方式或话语方式，即体验式教育与讲故事。所谓讲故事，就是以叙事的方式呈现一个个具体的问题情境或生动的教育故事，透过故事启示或表明一个道理。这个道理不是直接告诉别人的，而是以故事的形式、隐喻的方式让对方自己去感悟、去体悟，自己获得对于某一道理或真理的认知。道德故事往往是以一种局部判断而不是全称判断的方式出现，强调的是道德情境的独特性、当下性和条件性，在思维方式上采取的是归纳的方法或就事论事式的具体思维，而不作普适性的推演，体现的是对个体差异性的尊重而不是对普遍真理的追求。

在体验式道德教育或讲故事的过程中，故事的讲述者或者是故事的当事人，或者是故事的见证者，或者本身对这个故事有着更深的感悟与体验，进而把自己的感受与体验融入其中，并与对方分享自己的体验与感悟，从而消解了教育者与教育对象、教师与学生之间的距离，二者同为道德学习者，进而实现了从道德教育向道德学习的转化。这样的道德教育不是从固有的道德规范出发，而是从具体的问题情境出发，面对实践本身、生活本身，而不是游离于实践或生活之外。

在南京市莲花实验学校这样一所以外来务工子女为主的学校里，基于对每个孩子的尊重，以及让每个孩子获得存在感的价值追求，学校确立了"做有故事的教育，办有温度的学校"的办学理念，营造了充满人文性、故事性的教育氛围。学校墙壁上张贴的不是千篇一律的名人名言，更不是针对外来务工子女的所谓励志故事、感恩教育——不断强化或提醒这些孩子的自身境遇，结果往往适得其反，而是营造了由一个个生动的教育故事构成的生活世界。例如，他们从《哈佛家训》中精选了200多个教育故事，张贴在学校的走廊上。其中，有这样一则教育故事：

再试一次就是奇迹

1943年，美国的《黑人文摘》刚开始创刊时，前景并不被看好。它的创办人约翰逊为了扩大该杂志的发行量，积极地准备做一些宣传。

他决定组织撰写一系列"假如我是黑人"的文章，请白人把自己放在黑人的地位上，严肃地看待这个问题。他想，如果能请罗斯福总统夫人埃莉诺来写这样的一篇文章最好不过了。于是约翰逊便给她写去了一封非常诚恳的信。

罗斯福夫人回信说，她太忙，没时间写。但是约翰逊并没有因此而气馁。他又给她写去了一封信，但她回信还是说她很忙。以后，每隔半个月，约翰逊就会准时给罗斯福夫人写去一封信，言辞也愈加恳切。

不久，罗斯福夫人因公事来到约翰逊所在的芝加哥市，并准备在该市逗留两日。约翰逊得此消息，喜出望外，立即给总统夫人发了一份电报，恳请她趁在芝加哥逗留的时间里，给《黑人文摘》写那样一篇文章。罗斯福夫人收到电报后，没有再拒绝。她觉得，无论多忙，她再也不能说"不"了。

这个消息一传出去，全国都知道了。直接的结果是，《黑人文摘》杂志在一个月内，由2万份增加到了15万份。后来，他又出版了黑人系列杂志，并开始经营书籍出版、广播电台、妇女化妆品等事业，终于成为闻名全球的富豪。

编后语：

成功从来就不会是一条风和日丽的坦途。面对每一次挫折与失败，我们应该始终怀有"再试一次"的勇气与信心。也许再试一千次，我们就听见了成功的脚步声！

这样的教育故事给人带来的是身临其境、具体可感的生活场景。每个人读到这样的故事，都会不断地问自己："假如是我，我会怎样做？"进而达到自我教育、自我成长的目的。

三、道德教育的话语转换：从讲道理到讲故事

从道德教育向道德学习的转变，不仅体现为从教育观念到教育行为的一系列变化，更为深刻的转变是思维方式或话语方式的转变。在思维方式上，从基于认识论或学科分类学的一般的抽象思维，到面向生活、面对实践的具体思维，培养的是道德生活的践行者而不是道德知识的学问家。具体到话语方式上，即意味着从讲道理向讲故事的话语转换。与话语方式转换相对应的是教师角色的转变，具体体现为：教师从高高在上的道德规范的宣讲者、道德生活的旁观者转变为道德生活的体验者、践行者。道德教育的内容则从固定不变的道德知识或道德教条转化为具体的生活情境，教育方式从仅仅依靠教师的讲解发展到创设道德教育的具体情境，增强学生在道德学习中的主体意识，培养学生对真善美的感知与体悟。

总之，道德教育改革是一场从观念到行动、从思维方式到话语方式的深刻变革。与观念和行动层面的改革相比，思维方式与话语方式作为一种内隐性知识或隐蔽的道德教育，往往不易觉察，因此更加需要引起人们的关注。

8. 师德该如何"丈量"

师德能否评价，如何评价？这似乎成了一个世界性难题，值得我们深思。

人们常说，教师职业是一个良心活，每个人心中都有一杆秤。师德评价不完全依靠外部力量的作用和影响，更多地体现为一种道德的内在尺度和自我约束。其中，教师的教育爱成为教师职业道德的核心。教育事业是一项关注人的心灵的事业。作为教师，如果不热爱自己的职业，不热爱学生，不投入自己全部的热情和心血，那么教育事业就会蜕变成为"人才生产的流水线"，教育就会成为一种简单机械的训练，而与人的心灵成长无缘。如今日益加剧的量化考评，正不断建构着教育"生产流水线"的现实：数量化的评价等同于科学的评价，量化的水平就代表着科学化的水平。例如，有的学校将教师对学生的关心量化为一个学期找学生谈话几次、家访几次、写几篇学生观察日志等。当然，教师关心学生可以有上述的表现形式，但如果将这些形式本身作为评价考核师德的指标和具体内容，那么教育势必会走向形式化、表面化。而且，形式的意义将远远超过实质的内容，进而离教育的理想越来越远。

尽管我们反对将师德评价一味地数量化，但这并不意味着师德不可以评价。师德评价标准的主要依据为《中小学教师职业道德规范》中规定的"爱国守法""敬业奉献""热爱学生""教书育人""为人师表""终身学习"等。细细想来，这六条规定都很难被量化，因此，学校在对师德加以评价时，只能提供大致的评判标准，或者规定一个最低标准。例如，不违背党和国家的方针政策，不体罚或变相体罚学生等基本职业道德规范，即师德评价主要建立在底线伦理的基础上。但是，对于那些热爱教育事业的优秀教师而言，"热爱学生""教书育人"绝不局限于底线，他们会以极大的热情，付出常人难以想象的努力，将教育事业作为自己的毕生追求。因此，师德评价应将对教师基本职业道德规范的评价，与弘扬爱岗精神的师德教育有机结合起来。师德评价应具有建设性，以师德精神的弘扬和激励为主旋律，将教师的自我评价，与学校、学生、教师同行等外部评价结合起来，以建立一个相对客观公正的评价体系。

  在现实生活中，教师评价更多地作为一种管理技术和治理手段，其自身的教育功能却被忽视了。这种评价理念强化了外在的制度约束和惩戒作用，漠视了教师创造发展的差异性和主体性。其实，教育事业作为一项极具创造性的人才培养工程，只有充分调动和激发每一位教师的积极性和创造性，才能面对各不相同的教育对象和层出不穷的教育问题。因此，师德评价应建立在对教师个体差异性充分尊重的基础之上，并将其作为一条普遍的教育法则，放在教师评价头等重要的位置。在恪守"教书育人"这一基本职业道德规范的基础上，我们也应充分尊重教师在教书和育人方面的个体差异性，尊重教师劳动的主动性和创造性，不断发现教师中好的教育经验和做法，并给予积极肯定和激励。切不可把那些优秀教师身上带有个人色彩的具体做法作为"放之四海而皆准"的要求施加在全体教师身上，进而作为师德考评的标准，否则就会丧失道德榜样应有的示范和激励作用，忽视了教师主体的道德选择与判断能力。总之，我们要认真研究并建立一套科学有效的评价体系，在全社会营造尊师重教的良好社会环境以及宽松的教育内部环境，将教师身上潜藏着的人性光辉和教育智慧激发出来，这才是师德评价的教育价值之所在。

9. 中小学品德评价存在的误区及其改革对策*

学生品德评价作为教育评价的一个重要组成部分，对于学校德育工作具有导向、诊断、激励、服务和反馈等功能，是整个教育教学工作的关键环节。学生品德评价是教育者对受教育者品德发展状况作出的事实判断和价值判断，事关一个人如何做人、如何处事，是否得到周围人的认可，即人的社会化生存问题。对于社会而言，涉及国家对于未来一代在道德品质上的基本规格和规范要求问题。因其事关重大，评价的难度也大，成为当前教育评价中的重点和难点问题。

一、中小学品德评价存在的误区

目前中小学经常采用的品德评价方法主要有三种：操行评语法、成长记录袋评价以及学生综合素质评价。从每种评价方法的内涵、具体实施办法以及存在的问题来看，学生品德评价作为教育评价的重要组成部分，在整个学校教育的制度设计中更多地发挥着对学生言语行为的规训作用，进而表现出如下三种误区，直接影响到品德评价的实施效果。

---

* 本文系全国教育科学规划重点课题"基础教育可靠有效的发展性考试评价制度研究"（课题批准号：DFA030121）的子报告之一。

（一）品德评价的定量化

在学校普遍存在着过度追求科学化、精细化、高效性管理文化的背景下，学生品德评价呈现出过度追求评价的过程性、标准化和定量化的倾向。如同学科知识评价存在唯一正确的标准一样，品德评价也被设定了唯一正确的行为准则以及是非标准，进而对学生的言行施加无处不在的控制，导致学生真实生活的同质化。具体表现为：学生在学校里几乎说着同样正确的话语，刻意地做出迎合学校要求的规范动作，学校生活的丰富性、学生个性的差异性受到压抑，学校教育呈现出众口一词、千人一面的整齐划一格局，学校成为学生精神世界的真空地带，学生的真实思想和情感世界无法彰显，只能在虚拟的网络世界中满足自己渴望自由和追求个性发展的需要。众所周知，人类在追求真理的过程中势必要经历一次次的尝试错误才得以发展进步，但是，在道德教育过程中却不允许学生越雷池一步，所谓"一失足成千古恨"，学生的真实思想，哪怕一个小小的错误都可能被记入评价手册，并伴随其一生。这样的品德评价造就的往往是虚假的道德人格，以及谨小慎微、毫无创造性可言的"好孩子"形象。道德评价成为套在学生身上的枷锁，成为学校教育对人施加控制的手段，而不是解放的力量。

（二）品德评价的功利化

在改革开放和市场经济的社会环境下，学校教育更多地表现出功利主义和实用主义色彩。在应试教育的背景下，品德评价不仅涉及对一个人品性的价值判断，具有价值引导的功能，更是同学生的切身利益，即同升学考试成绩联系在一起。学生品德评价不仅体现在个人的思想境界和道德的自我完善层面，还被赋予了更多的功利色彩，如"三好生"政策不仅在高考中得以体现，在小升初以及中考中也有所体现。作为一种奖励办法，市级三好学生和优秀学生干部都可享受一定的高考加分，进而成为高考这一决定每个考生命运的重要筹码。尽管三好学生、优秀学生干部的加分政策，同其他学科如文艺、体育特长加分相比，含金量更高，数量也更有限，但是此举对学生而言，意味着一个人的品德发展可以物化为个人的切身利益，进而为品德评价打上了功利化的烙印。品德发展从道德的高标和人的自我发展需要，降格为低层次的物质需求；品德评价不仅体现为社会对人才的甄别与遴选，同时还显性化为物质的奖励与实惠，同时又与权力、利益捆绑在一起，进而呈现出庸俗化、功利化倾向，成为学校与某些利益集团实现资本兑换的筹码，而由此形成的日益恶劣的学校道德文化生态给学生的身心健康成长造成了不利影响。近年来，学术界围绕"三好生"评价制度的存废问题引发的社会争议，即是对这一评价问题的具体反映。

品德评价的功利化倾向不仅体现在中考、高考中，还渗透在学生的日常生活中，进而主宰并形塑着学生精神生活的意义和价值。这集中体现在一些学校实行的"道德银行"的做法，以及由此引发的"道德能否市场化"的广泛争论。青少年道德银行昙花一现的事实表明，过分市场化对道德教育的冲击以及由此带来的弊端，是学校实施道德评价时需要避免的。道德评价因涉及人的价值观问题，因而必然与社会环境发生关联。尤其是市场经济对传统道德观念的冲击，势必在道德评价中得到体现。

（三）品德评价的惩戒化

从目前中小学采用的品德评价考核办法来看，评价的主要目的旨在促进学生良好行为习惯的养成，评价的主要内容涉及纪律、卫生、活动和作业等诸多方面，评价的主要功能是奖惩，主要表现为对触犯学校纪律或未完成作业情况的惩戒，主要评价方法是量化评价。例如，在中小学生品德评价中普遍存在着以考试分数决定品德等第、以纪律决定品德等第的做法。如有的学校规定：

学生有如下行为之一者，学期品德考核为不合格：
迟到、早退累计超过30次者；连续旷课一周或累计旷课超过一周者；

翻越校墙、门窗者；损坏公共财物者；楼道内大喊大叫、戏闹起哄者；打架斗殴者；勾结校外人员拦截、威胁、殴打同学、干扰教学秩序者；有小偷小摸行为者；考试作弊者；吸烟酗酒者；校园内、楼道内、水房里乱大小便者；攀折树木花草者；在宿舍内玩赌棋牌麻将者；威胁辱骂教职工者；威逼抢劫同学钱物者；违章用电者；拆阅他人信件者。

凡学生在校期间，有3次品德考核不合格者，则不予毕业不发毕业证。

在上述规定中，把迟到、早退、旷课与威胁辱骂、威逼抢劫等性质不同的行为一律概括为品德问题、存在着明显的品德泛化问题，尤其是以惩戒为主，把品德发展具体化为分数的简单机械做法，把学生完全变成评价的客体，不仅不能调动学生自我发展的积极性，反而挫伤学生的上进心和发展的主动性，难以发挥品德评价应有的教育激励作用。

二、学生品德评价的改革对策

品德评价存在的上述误区不是孤立的，而是与学校品德评价的功能定位、对品德评价独特性的认识与把握，以及品德评价的观念等直接相关。为了科学有效地实施品德评价，需要从品德评价的独特性入手，进而在观念层面加以改革。

（一）品德评价的独特性

1. 学生品德形成的复杂性。

同知识学习相比，学生品德的形成机制及其影响因素尤为复杂，具体表现如下。

（1）学生品德的形成机制问题：品德形成涉及知、情、意、行四个方面，缺一不可。从知到行往往存在一定距离，懂得道理未必就会产生相应的行动；在品德形成中还存在着动机与效果的不一致性。一般而言，要求动机与效果相统一，但在实际生活中动机与效果不一致的情况时有发生。好的动机未必产生良好的社会效果，有时甚至适得其反，所谓"好心办坏事"。有时，好的社会效果未必出于好的动机，所谓"无心插柳柳成荫"。所以，评价道德行为不能仅考察动机或只考虑社会效果，应具体问题具体分析，防止片面性。

（2）品德形成的外部环境问题：在教学过程中，学生学习较少受到社会外部因素的影响，而在品德形成过程中，家庭、亲友、社区等学校外部社会环境因素均起着重要的影响作用，而学校教育的影响往往是有限的。

（3）道德实践本身的复杂性：道德实践中存在着大量的"道德两难"问题，学生要学会面对并处理不同的生活实际问题，往往需要时间和经验的积累，即学校道德教育的效果往往具有滞后性，难以在短期见到成效。

以上特点使得品德评价成为一项非常复杂的工作，不可能简单地用测验、测试等量化手段来评定学生的品德状态，量化方法只能在有限范围内使用。品德评价的过程在一定意义上还是一个深入研究学生、了解学生、与学生进行对话交流的过程，不能简单地用同一个标准去衡量每一个学生。同时，中小学生作为未成年人，其思想品德尚处于形成中，或者说世界观的基础尚未确立，行为容易反复，在对其行为进行评定时要善于区分偶发性行为与经常性行为，用发展的眼光看待学生在成长过程中出现的问题。

2. 评价主体的多元性。

制定学生品德评价标准的依据主要是《中小学德育纲要》《中小学生守则》和《中小学生日常行为规范》。《中小学德育纲要》作为学校实施德育的纲领性文件，反映了国家对中小学生道德面貌的基本要求，以及实现这一目标应有的途径、方法等。《中小学生守则》和《中小学生日常行为规范》则直接面向中小学生，提供了中小学生在学校日常生活中需要遵守的基本行为规范和具体要求。除此之外，学校德育工作还有一套完整的制度设计，具体包括：课程系列、活动系列、德育队伍系列、学校管理系列等，进而构成一个完整的学校德育系统。因此，学生品德培养的途径以及评价主体是全方位、多元化的，这就意味着不同的评价主体对于评价标准的理解、评价主体的价值取向不可能是整齐划一的，而是存在歧义，评价主体的多元性客观上增加了评价实施的难度。

3. 评定结论的非精确化。

学生品德形成的复杂性，评价主体的多元性，以及品德发展状况难以量化等特点，决定了品德评定的结论往往不是用成绩单的形式，而是以"品德评语"的方式加以呈现。品德评语是建立在班主任以及学科教师对学生的全面了解基础之上，并由班主任实施的评价活动。在实施品德评价活动中，班主任应以肯定激励为主，体现对学生的人文关怀，鼓励学生向更高的境界提升；品德等第的评定应体现模糊性，大部分学生应处于优或良的等级，不能采用"末位淘汰制"，更不能采用"好与坏"这样简单化的评价标准。由于学生的道德品质是在多方面因素影响下形成的，而且表现于不同的生活情境中，班主任在写评语前要多方面听取意见，特别要听取学生本人的意见，以便了解其处事的动机和真实的想法。如何写好、用好"品德评语"，更好地发挥品德评价的激励和引导作用，是班主任实施品德评价的出发点和立足点，需要用科学的态度认真对待，而非敷衍了事。

（二）品德评价的观念变革

在充分认识品德评价独特性的基础上，为了克服品德评价存在的误区，还需要在观念层面发生变革，树立发展性的教育评价观，进而确立品德评价的学生主体观、全面功能观，以及多维内容观。

1. 品德评价的学生主体观。

评价主体问题反映了学校在学生品德培养活动中地位的合法性问题，进而构成品德评价的首要问题，即谁来对学生的道德发展水平做出评价，道德评价的主体是谁，教师作为学生道德评价主体的合法性何在，仅仅凭借教师在道德认知上的优先地位（即使是"闻道在先"在今天也未必完全成立），就能认定教师在道德发展上一定优先于学生吗？对教师在学生品德评价中唯一合法地位的强调，反映了人们对学生品德形成发展规律性的理解与认识，即强调外在的道德约束的地位和作用，而忽视了学生作为道德发展主体的作用发挥及实现可能。这种由外而内的道德评价不能调动学生的评价积极性。

道德评价的改革首先要从调动评价主体的积极性入手，使学生从评价的对象变为评价的主体，提高学生的道德分析能力和判断能力，培养富有创造性和实践能力的社会公民。21世纪学校道德教育的使命是从"教会顺从"的道德教育转变为"教会选择"的道德教育[1]，而选择的前提是独立的道德判断能力。面对具有"明确表达的选择愿望、强烈主张选择权利、自愿承担选择后果"特征的"选择的学生"，学校和教师的角色不仅仅是规章制度的制定者和监督执行者，而是学生道德选择的引领者，学生道德成长的伙伴；评价活动不应成为外在的"标签化"过程，而应成为学生自我展示、自我反思、自我成长的主动探索过程。例如，上海市嘉定区绿地小学以提高学生道德自我判断能力为出发点，设计了"小公民道德点评"专栏，让学生对身边发生的不文明现象发表评论，组织大家献计献策；同时把自己学习生活中的困惑和烦恼向点播台投稿，并组织学生讨论，从而唤醒了学生的主体意识，使学生从被动评价的对象成为学校道德建设和管理的主人，促使学校道德评价的效果向社区、家庭辐射，发挥了学校应有的道德引领作用。

2. 品德评价的全面功能观。

品德评价的功能可概括为如下方面：选拔与甄别、控制与发现、惩罚与赏识。而目前中小学的品德评价实践无疑较多地强调了评价的选拔、控制和惩戒功能，而忽视了评价应有的甄别、发现和赏识功能。为此，需要树立全面的评价功能观，处理好选拔与甄别、控制与发现、惩戒与赏识的关系。

（1）选拔与甄别。

在学生品德评价实践中，更多地强调评价的选拔功能，而忽略了评价的甄别功能。吴康宁教授在《学校的社会角色：期待、现实及选择——基于社会学的视角》一文中提出，学校在实现学生身心健康发展的教育目标的同时，需要对学生的知识构成、能力倾向、个性特点、文化意趣及发展潜能等内在特质有所甄别。这种甄别不是人们通常理解的对于"优劣""真伪"的价值评判，而是对于学生内在特征的一种事实辨别，是对学生之"独特性""适应性"的一种发现。而甄别的结果不应呈现为对不同学生之"人才价值"的比较性评价，而是对每一位学生之"人才价值"的肯定性评价，因而不会对学生造成伤害，也不会对用人单位的毕业生素质判断造成误导。而实现这一功能的前提是教师对每位学生独立人格的尊重，对学生独立性、差异性、发展性的全面了解和深入研究。换句话说，选拔与甄别的前提是把学生作为道德发展的主体、深入研究的对象，而不是简单地贴标签。

（2）控制与发现。

目前，中小学生品德评价的主要依据是《中小学德育大纲》《中小学生守则》与《中小学生日常行为规范》，强调的核心价值是对既定行为规范的遵守和执行。道德评价的主要功能是对学生思想道德行为施加一定的控制，而不是对学生道德发展潜能的发掘和发现。这样的评价目标形塑的往往是遵从型人格，而不是创造型人格。旨在发现的品德评价活动势必改变传统意义上教师与学生之间单一的评价与被评价关系，构建促进师生道德发展的共同体。江苏省无锡市五爱小学的做法就体现了这样的评价理念。"师生道德发展共同体"由学生和教师共同组成，以有意义的师生共同学习生活为载体，以促进成员德性发展为共同愿景，强调在过程中的相互对话、相互辩诘、相互认同、相互理解，在充分保障成员权益与责任的前提下，通过人际沟通、交流，分享个人经验与各种资源，实现相互影响、相互促进的道德教育存在方式。"师生道德发展共同体"概念的提出和构建，改变了教师在学生道德发展中的优先地位和唯一合法性，把评价的目标定位为师生共同的道德成长，而不是拿一个永恒不变的尺子去量所有的学生。

（3）惩罚与赏识。

与品德评价的甄别、控制功能相对应，目前学校道德评价主要体现为一种奖惩性评价，注重以筛选为主要目的的相对评价，用排名次的方法刺激学生个体之间的相互竞争。这种做法虽有利于团体内部争上游的风气的形成，但容易给学生带来心理上的压力，造成学生之间的两极分化，使教育偏离既定的目标。奖惩性教育评价注重奖惩，对学生以分数论高低，使评价结果直接与奖励挂钩。这种以奖惩为目的的评价，容易导致评价的功利主义倾向。

现代教育呼唤和提倡的是发展性教育评价。发展性教育评价的结果不直接与奖惩挂钩，它以学生的全面发展为目的，评价结果注重发展不注重奖惩，但不排斥奖惩。凡是在原有基础上有进步、有发展的学生，都应该得到鼓励或奖励；淡化评价的奖惩功能，在注重共性的同时，体现对学生个性发展的要求，适应不同学生的特点，使评价更有效地激发和促进学生的自我反省和自主意识，凸显评价的教育性。发展性教育评价注重绝对评价，它以团体外部的教育目标为标准，评价团体成员达到目标的程度，激励学生向着预定的目标努力，促使学生朝更高的要求发展，使每个学生都能得到评价的鼓励和发展的机遇。

3.品德评价的多维内容观。

目前，中小学品德评价的内容主要包括道德认知、品德行为、人格发展，以及综合测评等方面。而许多学校在具体实施过程中更多地注重了学生的道德认知水平，而不是道德行为能力；评价的重点集中在学生日常行为规范的认知层面，而非日常行为层面，因而难以全面衡量与体现学生真实的道德发展水平。品德评价中充满矛盾与悖论之处在于：学校在对学生进行品德评价时，在评价内容和目标定位上的高位，与实际行为层面简单机械要求之间的反差。

为此，应树立全面的评价内容观，将学生的道德认知能力、行为能力、社会交往能力，以及现代人格特质的要求等全面素质纳入品德评价的内容。同时，评价应放在人与自然、人与社会、人与他人的关系维度中加以考察，而不是孤立地指向学生个体。因为品德本身就是一个关系性概念，对学生实施品德评价必须将评价放在学生所处的社会关系系统中进行。例如，某校对学生实施综合素质评价多元奖励条例，将中学生综合素质分为六个维度：道德品质、公民素养、学习品质、交流合作、运动健康、审美表现。各维度下表彰类型有19种，如爱国学子、浩然学子、勤俭学子、孝敬学子、诚信学子、"三自"学子、清雅学子、爱心学子、环保学子、善学学子、勤奋学子、创新学子、雄辩学子、合作学子、实践学子、领袖学子、阳光学子、"五环"学子、艺术学子。如果学生认为还拥有其他优秀表现，各年级组还可以设立自报项目进行表彰，意在让每个学生的个性特长都得到认可，体现了面向全体学生的教育性原则，凸显了评价对学生全面发展的促进作用。这使评价过程成为学生不断认识自我、发展自我和完善自我的过程，进而有助于激发学生形成积极向上的道德人格。这样的做法是值得提倡的。

总之，学生品德评价因涉及对学校德育目标的达成度以及对于学生品德发展状况所做出的事实判断与价值判断，在学校德育工作中占据着举足轻重的地位。同时，品德评价作为一门复杂的科学，应该包括哪些内容、如何实施评价、如何做到科学客观等问题，仍然是当前教育理论界和实践领域一个亟待解决的重难点问题，需要认真研究，科学对待，以更好地发挥品德评价的教育激励作用。

参考文献： ［1］吴康宁.教会选择：面向21世纪的我国学校道德教育的必由之路——基于社会学的反思［J］.华东师范大学学报（教育科学版），1999（3）.

10. 有效道德学习的课堂建构策略*

道德教育回归生活世界已经成为德育理论界和实践领域的共识，那么，回归生活世界的德育课堂是如何构建的？道德学习是如何发生的？它与一般学科的知识学习相比有哪些差异？如何开展有效的道德学习？回归生活世界的道德教育从德育理论走向德育实践，还有一系列问题有待进一步实践与探索。

道德学习与一般学科知识的学习相比，有其明显的差异性。有效道德学习不是被动地接受已有的道德知识和道德规范，而是指教师通过运用恰当的教学方法或手段，唤醒并调动学生已有的知识经验和情感体验，进而在认知、情感、态度、价值观等方面发生预期的变化。有效道德学习的前提是教师引导下的学生主动参与，而有效道德学习的课堂建构策略主要体现在三个方面：教师对学生思想发展脉搏的准确把握、对话生成的课堂教学情境的创设以及有效道德学习的评价策略。本文尝试结合一个具体课例，分别从备课环节、教学环节和评价环节三个方面进行深入探讨。

---

*本文系全国教育科学"十一五"规划教育部重点课题"学校道德教育改革的社会学研究"（课题批准号：DEA060106）的阶段性系列成果之一。

一、备课环节：准确把握学生的思想发展脉搏

教师对学生道德学习的前理解、前认知的了解，对学生思想发展脉搏的把握，直接影响到道德学习的效果。在备课环节，教师除了要了解学生对教材相关知识的掌握外，更重要的是了解学生的已有情感、态度和价值观念，从而增强教学的针对性。"品德与生活""品德与社会"课程教科书的内容设计源于儿童的日常生活，学生作为自己生活的主体，与教科书中的儿童生活之间是相吻合的，教科书的内容与儿童的生活实现了同构，学习过程与儿童的道德成长应该是同步的。儿童在课堂学习的同时，也是在具体践行着自己的道德生活。例如，如何认识自己、认识他人，如何与同学、邻里相处，如何认识自我成长与家庭、他人的关系等。当面对这样一些具体而鲜活的教学内容时，学生不应是学习活动的旁观者、局外人，而是生活的主体、学习的主体。为此，品德课教师需要正确地认识并定位学生在道德学习中的地位和角色，而不是把学生作为道德知识的存储器。教师的备课过程就是了解学生、走近学生的过程。更重要的是，教师要学会俯下身来，站在儿童的角度看问题。

因此，备课不仅是了解教材，面对文本的世界，更重要的是走近儿童的世界，走近儿童的现实生活，与儿童的现实生活展开对话。因为现实生活的内容比教科书的内容要丰富得多、复杂得多。每个学生基于自己独特的生活境遇和生活体验，对同样的问题也会有不同的感悟和体认。因此，全面了解学生，准确把握学生的思想发展脉搏，是把学生带入道德课堂学习的重要前提。

例如，小学三年级《品德与社会》（江苏教育出版社、中国地图出版社，2002年版）第三单元是"我的成长与家庭"，对于大多数儿童而言，他们生活在父母、家人的关爱中，对于家庭的记忆是美好、幸福的，教科书的内容设计也是以健全家庭及其家庭关系为认识对象的。然而在现实生活中，还有

许多儿童是生活在残缺或不健全的家庭里，家庭生活在他们的记忆中可能是痛苦、辛酸的。那么，怎样面对他们的生活经历和体验，唤起他们对家庭的美好情感呢？面对现实生活的丰富性、复杂性和多样性，教师要引导学生形成正确的生活态度，关注生活、走进生活的目的是引领生活，培养学生积极、乐观、向上的人生态度。

《品德与社会》（江苏教育出版社、中国地图出版社，2012年版）六年级下册第三单元"世界问题还不少"第10课的主题是"战争何时了"，教材从具体的故事入手，以历史还原法。用战争中儿童的生命故事引发学生的情感体验。教学目标是了解战争给人类带来的毁灭性灾难，唤起人们对和平的热爱，使学生懂得和平的意义和价值，珍惜来之不易的和平生活。

关于战争这一话题，学生的大脑并不是一张白纸，而是有了一定的前理解和前认知，关键是如何在书本知识和学生的已有知识经验之间建立起必要的联系，进而对学生零散的、片段的个体知识进行梳理和整合。同时，学生在网络生活中也涉及战争游戏，但虚拟世界中的战争游戏与现实生活中战争的残酷性和灾难性之间存在着巨大的反差。因此，教师在备课过程中，不仅要了解学生对于战争相关知识的前理解、前认知，更重要的是把握学生关于战争的情感、态度、价值观。道德学习只有触及学生的情感、态度和价值观，才能真正触及学生的内心世界。

二、教学环节：创设对话生成的教学情境

有效道德学习除了要与学生已有的知识经验之间建立联系外，更重要的是要调动学生的情感、态度、价值观，以及全部的生活世界进入课堂学习的真实情境。在这里，创设一个开放的对话生成的教学情境显得尤为重要。从一定意义上说，学生在课堂上的参与度是衡量品德课堂成败的重要因素。那么，在教学过程中，教师如何通过创设对话生成的教学情境，有效地组织并调动学生的已有知识经验和生活体验，参与到道德学习过程中呢？

（一）设计富有启发性的问题

例如，一位教师在执教《战争何时了》一课时，精心设计了"自学导航"的任务书，将教学目标分为两个层次：知识学习与情感体验的拓展。他先要求学生通过阅读课文，以表格的形式将第一次世界大战、第二次世界大战及其后的战争在耗时、参战国家数、波及人口数、伤亡人数、战争费用等方面的信息填写在表格中，同时指导学生思考：从这些数字中发现了什么？仿佛看到了怎样的情景？

在指导学生对课本知识进行归类、比较、分析的基础上，进一步设计了指向学生情感体验的问题学习：除了以上数字外，还有哪些让你感到震撼的地方？你有怎样的发现，联想到什么？

从上面的课例中我们发现，教师针对两个层次的教学目标，分别设计了两类富有启发性的问题。从问题的设计及其表述方式来看，无论是针对书本知识的学习，还是针对学生情感体验的唤醒，都不是在被动接受书本知识或教师给予的现成答案的基础上提出的，而是引导学生发现枯燥数字背后的人的世界，从"战争中的儿童"这一独特视角出发，通过已有知识经验的有效迁移，引导学生换位思考，设身处地地去体会、理解战争给予儿童、人类造成的毁灭性灾难，进而增强对和平的热爱。问题的设计富有启发性、生成性，有助于学生将教材中的场景与自己的现实生活之间建立联系。

（二）预留对话生成的时间和空间

同以往的接受性知识学习相比，道德学习更多的是建构生成式的学习。教科书所代表的不再是知识的权威和道德的权威，而是与学生生活对话的文本。因此，在课堂学习过程中，只要教师善于引导启发，学生在书本知识之外总会生成新的问题，而这些问题很可能超出教师的预设。为此，教师在教学过程中，一定要给学生预留一定的时间和空间，让那些真正有意义的问题得以充分展开，让真正意义上的道德学习得以实现，而不是仅仅完成教师事先设计好的教学目标和教学任务。

例如,在《战争何时了》一课学生在两类问题的学习过程中,通过小组之间的讨论交流,总有新的发现得以生成。

(教师呈现下面的数字资料:二战后的37年里,在世界范围内没有任何战争的日子只有29天。)

师:37年意味着什么?

生:一个人可以从少年成长到中年……人类为什么会如此好战

……

师:从历次战争的伤亡人数中,你想到了什么?

生:血流成河……仿佛听到了孩子的哭声,父母的呼喊声;仿佛看到鲜血顺着敌人的刺刀尖往下流……

(教师播放一段视频:《请把我埋得浅一些》。)

师:看了这段视频,你想到了什么?

生:孩子是无辜的,战争是残忍的……

面对教材以及教师提供的文本材料,学生会从各自的生活经历和体验出发,与文本以及教材中的儿童产生共情,引起思想上的共鸣,并且在小组合作学习过程中,相互学习,相互启发,进而不断丰富自己的人生阅历和体验,提升道德学习的品质和水平。从上面的师生对话中可以发现,只要教师创设了对话的情境,充分调动了学生已有的知识储备和情感经验,就可以生成许多有意义的道德学习话题,如:"人类为什么会如此好战?""刽子手为什么会如此残忍?"诸如此类,不胜枚举。这样一些饱含了丰富的情感体验,经过学生的独立思考、分析判断后提出并生发的问题本身,体现了德育课堂的魅力所在,因为"德育课堂本就是人与人相知相会的课堂,在这里有人与人心灵的相撞,有人与人情意的相融,许多动人心弦的事会在这里发生"[1]。试想一下,如果教师不是充分尊重学生的意见和独立思考,抓住时机适时地引导学生展开讨论,进而提升学生道德学习的品质和水平,而是仅仅从完成教学任务的需要考虑，把学生的回答仅仅视为教学设计的一个环节，就会错失道德学习的良好时机。从这个意义上讲，品德课堂的教学设计应该是局部留白的，道德学习应该是无边界的，课堂内外的全部生活都应是学生进行道德学习的重要素材。一些有意义的课堂讨论可以向课外延伸、校外延伸，进而实现道德教育对现实生活的引领和改造功能。

（三）调动学生的多种感官参与课堂学习

道德学习不仅诉诸学生的认知，更重要的是诉诸学生的情感和体验。为此，教师可以创造性地运用多种教学媒介和手段，调动学生的多种感官参与课堂学习，才能产生良好的教学效果。

在《战争何时了》一课的教学过程中，教师播放了以"战争中的儿童"为主题的视频材料，惨烈的战争画面以及不同画面中儿童的表情和神态，配上音乐，一下子把大家带入课堂教学所需要的气氛和情境之中，触景生情，引发大家对战争主题的思考；《请把我埋得浅一些》的文字资料，配上电影中的相关画面，女孩的美好形象和善良心灵，与刽子手的残忍无情形成了强烈的对比与反差，将本堂课的教学推向高潮，启发人们对于人性、对于战争性质等问题的思考。尽管这些话题对于六年级的学生而言可能有些深奥，学生还不能完全用语言表达他们内心的感悟与体会，但是每个人在学习过程中都能有所触动、有所思考，进而实现本堂课的教学目的。

三、评价环节：有效道德学习的评价策略

与其他学科知识的学习相比，道德学习的效果往往具有很大的滞后性和内隐性，不是当时当地就能看到成效的。在有限的课堂教学时间里，教师往往很难真正了解课堂教学究竟在儿童的道德学习中发生了怎样的作用和影响。另外，它也不是用"是否正确""是否同意"这样一些表面化的评价形式来体现的。为此，需要探索一系列的有效道德学习的评价方法和评价策略。

例如，设计科学的实验研究的对照表，对学生课堂学习效果进行前测和后测，具体包括：针对学生前认知发展水平的调查表，建立学生道德学习的成长档案袋，学生可以用书法、绘画、音乐、诗歌、作文等多种方式展示自己道德学习的成果。另外，围绕相关教学内容，还可以设计话题作文，让学生将课堂内的学习感悟和体会加以充分表达；设计实践性的课外作业，如一份社会调查报告、一个亲子交流活动、一次活动设计方案等，将所学知识付诸实践，培养学生的道德践行能力。因此，有效道德学习的评价应该是开放式的，契合儿童的身心发展规律和特点，而不是用检验知识学习结果的考试方式。

另外，有效道德学习的评价对于教师而言，具有特殊的教育意义。道德学习的过程本身应该是师生共同成长的过程。在这个过程中，教师要学会用儿童的眼光看待世界，在与儿童的对话和与儿童生活世界的融合中，实现文化的反哺或互补，这对于教师而言，同样是一件有意义的事情，也是教学教育性的重要体现。在道德学习过程中，成人世界与儿童世界不再是相互隔离与对立的关系，师生之间、生生之间建立起一种全新的同伴互助关系，课堂生活因而构成师生道德生活的重要组成部分。回归生活世界的德育课堂不再是教师的"一言堂"，而是师生的道德成长之旅。在这里，学生是道德成长的主体，而教师则是引路人或陪伴者。

参考文献： [1]鲁洁.行走在意义世界中——小学德育课堂巡视[J].课程·教材·教法，2006（10）.

第二辑

班主任制度与班主任专业化成长

11. 班主任制度与班主任教师的身份建构*

我国于1952年颁布了《小学暂行规程（草案）》与《中学暂行规程（草案）》，在小学和中学普遍实行班主任制，以取代此前的级任教师制（原称"级任教员制"）。该制度一直沿用至今，并随着教师教育的不断发展，对教师专业化诉求的不断提高，得以不断充实与完善。从2006年教育部印发《关于进一步加强中小学班主任工作的意见》，到2009年颁布《中小学班主任工作规定》，对班主任工作量的计算、班主任津贴的发放以及班主任的权利行使等都做了明确规定。在强调班主任待遇与权利的同时，对班主任的选聘、职责与任务、考核与评价、培养与培训等也提出了进一步要求。自2007年开始，班主任培训纳入整个教师教育和培训系统之中，班主任专业化在制度层面成为现实。

从国家制度及社会诉求来看，对于教师队伍尤其是班主任队伍的专业化诉求与社会期待日益提高，而现实中对班主任制度的落实情况却并不乐观。班主任工作没有受到足够重视，班主任工作量大、责任重、待遇差，缺少专业支持，专业发展受到限制等现实问题，在困扰着班主任自身发展的同时，也制约着学校"立德树人"工作的开展。而解决问题的途径与方法往往简单诉诸各级各类班主任培训，很少从现代学校制度变革的角度出发，对班主任

---

* 本文系2011年度教育部人文社会科学重点研究基地重大项目"青少年交往与道德学习的社会学研究"（项目批准号：11JJD880019）的系列成果之一。

制度设计本身加以审视。近年来随着升学考试制度的改革，一些学校实施了学生选课制和"走班制"，取消了原来的固定班级，班主任制度在一定程度上受到了削弱，有的学校甚至取消了班主任制度，引发了人们对班主任制度本身的思考。

本文通过对班主任制度发展历史的回顾，从历史社会学的角度考察班主任制度产生的原因及其历史变迁；从班主任制度与教师身份建构这一理论视角出发，发现这一制度设计背后的理念系统，进而为班主任制度研究提供一定的参考与借鉴。

一、班主任制度的历史沿革

我国的班主任制度源自苏联，即以集体主义价值观为核心理念，建立与社会主义制度相适应的现代学校制度，通过建构"学生集体"，以促进青少年的社会化进程。虽然脱胎于苏联，但班主任制度在发展中被赋予了新的时代内涵和本土特色。通过历史梳理我们发现，我国的班主任制是与学制改革相伴而生的一种制度。班主任这一教育角色在教育制度中的出现，是和班级授课制联系在一起的。

1904年，《奏定学堂章程》进行了学制改革，确立了班级授课制，规定由一个教师担任一个学级的全部学科或主要学科的教学，被称为级任教师制，此后还实行过导师制。这是我国最早实行的与班主任制度类似的制度。

1942年，绥德专署教育科的《小学训导纲要》在强调教导合一时首次提到"班主任"一词。《小学训导纲要》中强调，要实行教导合一制，务必要加强班主任的责任。

1949年7月，《陕甘宁边区政府关于新区目前国民政府改革的指示》中提出："废除训、教分立制度，实行教导合一，这一原则从两方面实施：教师不只教书而且要参加具体的指导工作；组织上训育与教务统一。在学校组织上，校长下设教育主任。取消级任导师，班设主任教员。"中小学改级任导师为班主任教员。其指导思想是"克服训、教分立，实行教导合一"。

1949年之后，为了适应国家经济发展与培养全面发展新人的需要，在学习苏联的基础上，我国中小学实行了普遍的中小学班主任制，但此时还没有对班主任制度做出明确的规定。

1952年，教育部颁发《小学暂行规程（草案）》和《中学暂行规程（草案）》规定："小学各班采教师负责制，各设班主任一人，并酌设任课教师。""中学每班设班主任一人，由校长就各班教员中选聘，在教导主任和副教导主任领导下，负责联系本班各科教员指导学生生活和学习。班主任任课时数，可根据具体情况，较专任教员酌减。"至此，我国的班主任制度得以正式确立。

1979年，教育部发布《关于普通中学和小学班主任津贴试行办法（草案）》，并在附件中提出了"关于班主任工作的要求"。这份文件对班主任的选聘条件、班主任的工作要求、班主任工作量、班主任津贴数额、津贴发放条件进行了明确规定。因此，陈桂生教授指出："我国自1952年设立班主任以来，直到1979年才建立一套班主任制度。"[1]

1988年，国家教委颁布了《小学班主任工作暂行规定》和《中学班主任工作暂行规定》。这两份文件中，明确规定了班主任的地位和作用、任务和职责、工作原则和方法、条件和任免、待遇和奖励以及班主任工作的领导和管理。

1993年以后，中共中央、国务院和教育部先后颁发了《小学德育纲要》（1993）、《中共中央关于进一步加强和改进学校德育工作的若干意见》（1994）、《中学德育大纲》（1995）、《中小学德育工作规程》（1998）、《中共中央国务院关于进一步加强和改进未成年人思想道德建设的若干意见》（2004）等若干文件，特别强调班主任在中小学德育工作中发挥的重要作用。其中，《中学德育大纲》提出："班主任工作是培养良好思想品德和指导学生健康成长的重要途径。班主任是本大纲的直接实施者，应根据本大纲的内容要求，结合本班学生的实际情况，有计划地开展教育活动；组织和建设好班级集体，做好个别教育工作，加强班级管理，形成良好的班风。要注意发挥学生的主观能动性，培养他们的自我教育和自我管理的能力。要协调本班、本年级各科教师的教育工作，密切联系家长，积极争取家长与社会力量的支持配合。"《中小学德育工作规程》指出，班主任是中小学校德育工作的骨干力量，"中小学校要建立、健全中小学班主任的聘任、培训、考核、评优制度。各级教育行政部门对长期从事班主任工作的教师应当给予奖励"。这一阶段，班主任作为德育工作者的地位被正式确立下来。

通过对相关政策文本的分析，可以看出，在班主任制度的建立与完善过程中，从"教导合一"的设立初衷，到将班主任建构成为一支重要的德育力量，进而明确班主任教师的职责范围与任职条件。随着对班主任地位和作用的不断加强，班主任的特殊教师身份不断被建构起来，而学科教师的育人功能则逐渐淡出教育视野。按照学校工作分工的需要，学科教师负责教学，班主任负责学生全面教育，全面关心教育学生的责任偏移到班主任一方，而学科教师得以推卸教育学生的责任。"教导分离、训育分立"的制度逻辑在学校场域中逐渐演化成为教育的惯习。

二、班主任制度建构了怎样的教师主体身份？

（一）德育工作者的角色定位与专业身份的缺失

通过上述对相关政策文本的分析，可以发现，对于班主任工作重要性的认识，以及班主任作为德育工作者的角色定位，并不是从班主任教师的主体身份和地位出发的，而是从学校整体工作，尤其是学校德育工作层面加以设计和思考的，即班主任作为学校基层的德育工作者，其工作内容是与学校德育工作相配合或相适应的。班主任工作作为学校这部机器上的一个零件，并不强调其主体地位的独立性、完整性。具体表现为：在班主任处理与学生、家长等外部关系时，尤其是在面对师生冲突时，往往强调其服务、服从于学校工作的大局、全局，以至于班主任在自身权利受到侵害时，更多地处于无助的状态。对教师崇高师德与无私奉献精神的强调，胜过对教师社会地位、自身权利与利益的尊重。在教师的权利中，很少涉及教师的人身安全、教育权利受到威胁时的防范和保护措施等。这就是"班主任批评权问题"讨论引起社会普遍关注的原因所在。

班主任制度作为一项独具特色的制度设计，以制度化的方式规定了班主任的工作内容和职责范围，同时也建构了一种特殊类型的教师——班主任教师的角色身份。正如2006年教育部颁发的《关于进一步加强中小学班主任工作的意见》中指出的："中小学班主任是中小学教师队伍的重要组成部分，是班级工作的组织者、班集体建设的指导者、中小学生健康成长的引领者，是中小学思想道德教育的骨干，是沟通家长和社区的桥梁，是实施素质教育的重要力量。"即班主任在承担学科教学任务之外，还独立承担了班级教育的全部工作，他们成为班级教育工作的组织者、管理者、教育者、指导者、协调者，承担着学校工作中最繁重、最具有挑战性和创造性的工作。随着教师专业化及班主任专业化诉求的不断提高，这一角色内容还有不断扩大的趋势。例如，一些地区或学校将班会课作为一门课程加以建设，进而纳入对学科教学体系的考核与评价中。

总之，班主任身兼学科教师与德育工作者的双重身份。班主任作为德育工作者地位的重要性与专业身份的缺失成为一个悖论。从教师专业身份认同角度分析，与学科教师的专业性相比，班主任作为一个专业，对其专业性尚缺少必要的专业认可和评价制度，如在目前的教师职称评定中，只有对学科职称的评定，并无相应的班主任职称系列，班主任作为德育工作者的专业身份是缺失的；班主任工作并没有在专业层面得到认可，班主任尚处于专业归属感缺失的尴尬境地，导致许多教师不愿意做班主任，或者说迫于个人评职称的需要、学校工作的需要不得已而为之。这导致班主任工作水平不高，很多人处于疲于应付的工作状态。

（二）班主任教师与学科教师的角色分离

2009年，教育部发布的《中小学班主任工作规定》提出："班主任是中小学的重要岗位，从事班主任工作是中小学教师的重要职责。教师担任班主任期间应将班主任工作作为主业。"这从专业化的角度对班主任提出了明确要求，即班主任是区别于学科的另外一个专业。班主任的角色从作为德育工作者，发展演变为一个专业或主业。班主任的角色意识不断被强化，与之相应的，学科教师的育人职责被弱化。教师教书育人职责中"育人"的职责逐渐被班主任职责所取代。班主任制度在赋予班主任全面育人的教育责任，进而将每位教师都应有的育人职责转嫁给班主任的同时，客观上造成学科教师只管教书、班主任全面负责育人的简单劳动分工，造成了与学科教学专门化相对应的班主任育人工作的专门化。

班主任的角色内容涵盖了学科教师应尽的育人责任。换句话说，教师作为育人者的角色几乎由班主任教师独立承担起来。这一不断被放大了的教师角色身份，在强化班主任教师责任意识的同时，更通过一系列监督和评价机制加以落实。例如，针对近年来在师生关系上出现的问题，2005年出台了《教育部关于进一步加强和改进师德建设的意见》（教师〔2005〕1号）。2012年国务院办公厅发布的《国务院关于加强教师队伍建设的意见》中指出，我国将健全教师考核评价制度，探索实行学校、学生、教师和社会等多方参与的评价办法，对教师实行师德表现一票否决制。师德成为悬挂在教师头上的一把尚方宝剑，而对教师师德的考核与评价则主要落实在班主任教师这一德育队伍身上。对于学科教师而言，虽有教师职业道德加以规范与约束，但具体到学校工作层面，学科教师的育人工作往往是无法落实和具体体现的。不仅如此，由于对班主任育人角色与责任的过度强化，学科教师往往理所当然地推卸自己的育人责任，甚至在自己课堂上出现了纪律问题，都可能交给班主任去处理。学科教师育人角色的缺失，与对班主任育人角色的过分强化，二者形成巨大反差，造成学校教学工作与育人工作之间的脱节或失衡，导致学校教育生态的恶化或畸形化。这样的教育生态对于身心尚处于发育状态的未成年学生，对于全员育人的学校教育目标的实现，无疑都是不利的。班主任制度与教师队伍建设之间的疏离状态，在当前绩效工资制度背景下暴露出的班主任工作难以安排、教师积极性难以调动等诸多现实问题，已经引起教育理论界与实践领域的广泛关注。

（三）对学生全面负责的管理者身份

班主任制度对班主任职责的规定全面而细致，而班主任职责的核心内容主要体现在师生关系上。2009年的《中小学班主任工作规定》明确规定："班主任是中小学日常思想道德教育和学生管理工作的主要实施者，是中小学生健康成长的引领者，班主任要努力成为中小学生的人生导师。"

班主任制度的建立与完善本身，建构了班主任教师与学生之间全能型的掌控关系，而班主任"作为中小学生健康成长的引领者和人生导师"这一角色内涵赋予班主任以全知全能的形象。班主任在对学生实施全面负责、全程管理的同时，二者之间体现为一种"控制与被控制"的师生关系。在班主任一人负责制下，班主任被赋予了超越其他教师的绝对权威地位，班级工作因缺少其他教师的民主参与和监督，极易造成班主任的家长制作风和个人权威的滥用。小到班级规章制度——班规的制定、学生座位的安排，大到与学生切身利益相关的评优评选制度，如"三好生"评比。

在这样一种制度化的"控制与被控制"型的师生关系中，学生作为学习的主体和自我发展的主体，其主体性被教师的主导作用所取代。在班级社会空间内，并没有给学生自主管理、自主发展留有足够的空间，而是代之以对学校时间、空间的全面监控，从课程表的填鸭式时间安排，到走廊、教室墙面的布置，再到学生的服饰着装与行为规范的养成教育，都将学生置于被掌控的被动境地。尽管在教育理论界，教师与学生何者为主体的讨论延续了多年，从"教师主体论""学生主体论""教师—学生双主体论"，到"教师主导—学生主体论"等不一而足。但是从班级乃至整个学校管理体制的制度设计来看，学生主体性仅仅停留在理念层面，尚未落实到学校生活和班级生活层面。

（四）对学校简单服从的执行者身份

班主任制度在建构了班主任教师对学生全面负责、全面包揽的全知全能型的教师身份，以及"监管与服从"型的师生关系的同时，也建构了学校与班主任教师的关系。2009 年教育部印发的《中小学班主任工作规定》明确规定，班主任的职责范围和工作内容具体包括：全面了解学生，班级日常管理，组织开展班级活动，学生发展性评价，与任课教师、其他教师及家长、社区的沟通与合作等。这些内容几乎涵盖了学校工作的方方面面。在班主任一人负责制的班级管理体制下，班主任拥有班级教育与管理的全部责任，具体表现为：时间上的全程性以及职责范围的无边界性，班主任工作几乎没有校内外之分、分内外之别；空间上的全覆盖性，从学校生活的每一个空间，到家庭与社区的隐性社会空间。班主任成为学校各项教育教学任务的具体执行者和落实者，在对学生的在校生活进行全面掌控的同时，也实现了学校对教师的全面控制。班主任制度作为一项身体的控制技术，在对学生进行全方位监控、集中体现学校教育对学生的规训功能的同时，也实现了对教育者自身的控制——身体在场，进而出现了"控制者反被控制"的悖论。在实践层面表现为：很多学校要求班主任的手机 24 小时开机，当遇到突发事件时，班主任要在第一时间出现在事发现场。在很多教师眼里，班主任工作是一项繁重的体力劳动，是与学生拼时间、拼体力的。它与教师自身的专业成长无关，是教学之外的额外负担。在很多管理者看来，只要能维持一个好的教育教学秩序，就是好班主任；班主任工作不需要创造性的发挥，只需要服从和执行学校的各项规定。班主任工作的行政化色彩在很大程度上冲淡了对班主任专业化的追求。与学生主体地位的丧失相伴而生的，是教师主体意识的丧失。班主任教师更多地变成对学生的全面监控者和管理者，其自身的专业自主性和独立性，代之以对学校规章制度和管理制度的简单执行和被动服从。

三、行政化思维与知识取向：班主任制度的理念系统

班主任制度在建构了一个对学生全面负责、对学校完全服从的教师主体身份的同时，体现了现代学校管理体制中普遍存在的"对上负责"的行政化思维。班主任工作成为与学校行政系统直接对接的一个重要环节，即把班主任工作纳入整个学校组织科层制的行政管理系统之中。同时，对学校德育工作专业地位的认识以及德育工作者专业身份的缺失，对学校德育规律即教育规律的遵循往往代之以简单的行政命令。此外，与学校管理的行政化思维并存的是现代学校教育的知识取向与学科化思维，即将复杂的教育劳动和育人工作简化为一门门孤立的学科知识，并纳入教师专业化的发展逻辑。例如，过分强化了班主任的责任意识以及班主任与学科教师的区别，将班主任专业化纳入教师专业化的一部分，希望借助班主任培训和班主任队伍建设，单方面地解决学校德育中存在的问题，体现了现代学校教育"唯知识论"的价值取向，进而导致学校育人功能的缺失。

总之，班主任制度作为现代学校管理体制的一个重要组成部分，暴露出现代学校教育制度中普遍存在的管理主义取向，作为教育现代性具体体现的工具理性、"唯知识论"取向，以及由此引发的教育性的缺失。而破解这一制度困境的出路，必须诉诸现代学校制度的整体变革。在基础教育实践中已经出现了破解这一制度难题的诸多可能路径，例如，淡化班主任在学校教育中唯一的育人角色，强化学科教师乃至全体教师的育人责任；打破教学处、德育处分立的行政化思维，强化学校管理的整体育人功能等。其中，南京外国语学校仙林分校自2008年开始将班主任一人负责制转变为班级教育小组集体负责制，打破了班主任与学科教师的角色划分，将全员育人的教育理念转化为教育现实；同时，将教学处、德育处合并为大教育处，实现了学校教育功能的整合。[2] 从班级管理体制改革这一微观层面，可带动学校内部管理体制的整体变革。在学校教育改革中，最为复杂而艰难的是制度层面的改

革，而制度改革的关键是制度或政策背后的理念系统和思维方式。为此，教育理论研究在对丰富而鲜活的教育实践做出积极回应的同时，须从制度设计背后的理念系统和内在逻辑出发，对具体的教育政策与教育制度、教育实践与教育行动等进行深入的理性思考，进而发挥理论研究对于政策实践应有的价值引领作用。

参考文献： ［1］陈桂生.班主任制［J］.上海教育科研，2007（11）.

［2］齐学红.建立班级教育小组的尝试［N］.中国教育报，2008-09-23.

12. 班级管理体制改革的创新实践
——透视一所学校的班改实验

基础教育改革已进入实质性的攻坚阶段，标志在于改革不能不触及基础教育的体制性问题。班级作为学校教育教学的基本单位，构成了学校教育的细胞。班级管理体制改革，看似只涉及班级管理体制本身，实则影响到学校工作的方方面面，进而引发学校整个管理体制的变革，可谓牵一发而动全身。对于此项改革规律的探讨，有助于加深对基础教育改革复杂性的理解。

南京外国语学校仙林分校的班改实验就是这样一项改革。所谓班改实验，即变班主任一人负责制为班级教育小组集体负责制，由此引发的一项学校整体改革。此项改革的基本假设是，班主任负责制是计划经济的产物，是建立在班级授课制基础上的，在整个社会从计划经济向市场经济转型的今天，已经不能适应教育问题的复杂性和学生身心发展多样性的需要，为此，必须进行改革。这样一项源自学校自身的发展需要，由学校管理层主动发起的改革行动本身，就是一个很好的研究素材。从它的发生发展、运作机制、实施过程到实践结果，进行深入思考，进而对于班级管理体制改革这样一项社会实践，做出一个理论工作者应有的解释。自 2008 年开始，南京师范大学班主任研究中心的专家学者带领自己的研究生，走进了这所学校的班改实验，在两年多的时间里多次参与此项改革的研讨活动，连续两次进行为期一周的实地考察，见证了班改这一新生事物给教师和学生生活世界带来的变化和影响。本文试图以此为个案，深入探讨班级管理体制改革的共性问题，进而对班级管理体制改革这一社会事实加以理论呈现和个人解读。

一、理念先行：班级管理体制改革的动力来源

在升学主义的大背景下，很多学校的注意力主要放在抓学生的考试成绩上。班级作为一个载体，只要不出问题就万事大吉，很少有校长会考虑对此进行改革。钱铁锋校长作为此项改革的发起人，率先提出了教育力与教育关系这一核心命题，在对此进行深入理性认识和思考的基础上，提出了调整教育内部关系，打破学校内部管理中普遍存在的条块分割、人浮于事的现状，最大限度地发挥教师的教育作用，变班主任一人负责制为班级教育小组集体负责制，进而引发学校管理体制的总体变革。例如，打破教学处、德育处的人为划分，将其统整为大教学处，带来学校管理层的职能变革；改变教师的奖励、分配和评价制度，对教师的评价除了学科教学外，还包括参与班级教育和管理工作，进而影响到教师的教研方式、工作方式乃至生存方式，如变学科教研活动为班级教育小组成员对学生的整体诊断活动等。关于教育力与教育关系，他有过这样一段表述：

所谓教育力是指学校的总体实力，包括教学设施设备、教师的实力、教科研水平等物质性因素。教育力的发展在很大程度上受制于学校的教育关系，包括学校性质、办学思想、管理方式、评价制度、分配制度等非物质性因素。班级作为学校最主要的基层单位，对学校教育力的发展举足轻重。班主任负责制代表一种原有的教育关系，它对当前教育力的发展起到了严重的阻碍作用。

他认为，教育界对于教育力的认识和重视程度普遍较高，把学校硬件条件的改善，教师队伍建设、整体素质的提高，放在头等重要的位置，但是对

于教育关系的认识普遍欠缺。学校管理中人浮于事、条块分割,"见物不见人"的现象普遍存在,不能形成教育合力。究其原因,学校的制度设计是按照学科进行规划,是学科取向的,不是从学生出发,从教育问题出发的。班级教育小组制度的建立,是对原有教育关系的大胆改革,涉及教育关系的各个环节。它不靠大运动量高强度投入,不靠低效重复劳动,不靠牺牲师生的身心健康,而是凭借对教育资源的有效配置和科学整合,主要用内涵发展的方式,激发教师和学生的主动性、积极性,必将极大地提高教育质量、教育效益,解放学校教育力。

在目前学校管理体制下,人们对教育力的认识是比较容易触摸和感受到的,但是对于教育关系的理解与认识还停留在观念层面,缺少现实的制度加以保障。班级作为学校教育教学的基本单位,承载着学校方方面面的工作,是构成学校教育的一个细胞。通过对班级进行改革,可以引发整个学校管理体制的改革。因此,班级管理体制改革成为撬动学校整体变革的一个杠杆。

改革是一项主动寻求变革的实践活动。它没有可以借鉴的现成经验,所以需要以理性的思考为前提,包括对改革的可能后果以及改革必须付出代价的预测等。南京外国语学校仙林分校的改革之所以以这样一种方式全面、整体性地向前推进,是同之前深入的理论研究以及对教育规律的探索分不开的。

南京外国语学校仙林分校首先将班级管理体制改革以省级立项课题的方式在全校开展理论研讨,从思想上达成了共识。通过几年的理论学习和思想上的准备,教师普遍认识到,对于此项改革,学校领导是下定决心,一定要做的,没有任何推诿的可能。为此,学校召开了数次动员大会,召开了两次班改现场会,将改革进程中好的典型、做法及时加以宣传与推广。领导层的决心和信心,成为教师的定心丸。同时,以系统的理论研究作为先导。只有充分认识到此项改革的必要性和可能性,才会有深入扎实的行动。为此,钱校长组建了一个智囊团或称课题组,经常性地开展理论研讨,并聘请高校理论工作者参与课题的论证和研讨,使得整个班改实验得以有条不紊地进行。

由此得出结论：班级管理体制改革是一项理性实践，是在理性思考基础上的自觉实践活动。

二、路径选择：班级管理体制改革的实践智慧

教育改革的路径不外乎两种：自上而下式与自下而上式。众所周知，在中国的现实背景下，自下而上式的改革是很难推进的，尤其是涉及体制问题的改革，往往是少数个人难以完成的。南京外国语学校仙林分校的班改实验是按照自上而下的改革路径推进的，上自学校校长，下到学校中层，再到普通教师、生活教师，无一例外地进入此项改革。每个人都成为班级教育小组的一员，实现了"人人都是德育工作者"的教育理念。班级事务不再是班主任一人说了算，而是班级教育小组群策群力、共同决策的结果。全体教师进入班级教育小组，对其工作业绩的考核与对整个班级的评价挂钩，即对班级教育小组成员实行捆绑式评价。此项改革有一套完整的、操作性强的制度设计作为保证，并非仅停留在观念层面。这样一个关涉全局，带来教师工作方式、生活方式总体性变革的改革，非学校行政力量的推动不能实现。

自上而下式的改革路径主要体现在两个方面。一是依赖校长的领导力。在校长负责制下的基础教育领域，校长的办学思想和理念对于一所学校的发展具有举足轻重的作用。常言道，一个好校长就是一所好学校。对于一所民办学校的校长而言，相对于公办学校拥有较大的办学自主权，也为钱校长施展自己的教育理想和抱负提供了平台。钱校长任职期间，学校发生了很大的变化，办学水平很快得到社会的认可，在南京市跃居前列，生源质量也有了很大改善。在一定意义上，改革不是出于学校自身生存的压力，而是对现有教育体制自觉变革的主体意识。尽管在改革之初，学校领导层中有不同意见，也有少数人持怀疑和观望态度。但是，因为有学校校长的锐意改革，有民办校相对灵活的办学体制，有学校长期营造的科学民主、开放进取的学校文化支撑，班级管理体制改革仍在艰难中进行。南京外国语学校仙林分校的

这场变革为我们提供了教育家治校的范例。

二是借助教育行政的力量。除了学校内部各方力量的动员外，南京外国语学校仙林分校还借助教育主管部门的力量，主动寻求教育行政力量的支持，将此项改革的经验和做法在南京市乃至更大范围内加以宣传、介绍。对于学校的改革者而言，要想改变当前基础教育的生态，仅靠学校一己之力是远远不够的，必须扩大这项改革的影响力，让此项改革的经验惠及更多人或更多学校，进而营造班级管理体制改革的整体氛围。为此，学校主动争取教育行政以及社会力量的支持，曾与教育局、高校研究部门联合举办了近千人的班改现场会，大力宣传此项改革的经验和做法。为了能被更多的教育有识之士所理解和接受，钱校长应邀到全国各地作报告，宣传介绍学校的做法。他还主动借助媒体的力量，扩大此项改革的社会影响力。

自上而下式改革路径的选择，是建立在对中国国情的理性分析与判断基础上的。行政的力量是中国式改革绕不过去的重要环节。近几年高校管理体制改革中"去行政化"的呼声日益高涨，但是中国语境下的教育改革离开行政的推动是很难转化为现实的。"去行政化"去除的是机械化、官僚化、程式化的管理模式，而主动发挥行政的力量是一个问题的两个方面。南京外国语学校仙林分校的班级管理体制改革之所以能走到今天，得到社会各界的普遍认同，除了学校自身行政力量的推动外，还与教育主管部门的支持分不开。例如，学校可以不参加市里组织的各类评选，不参加各类考试的排名活动等。在主动放弃一些眼前利益的同时，这也为学校的自由自主发展赢得了空间。主动借助行政的力量，为学校发展争取更多的社会资源，体现了学校在改革路径选择上的实践智慧。

三、动态生成：改革进程中的自我修正

一项真正的改革举措不是校长一人的思想，而是需要转化为全体教师的自觉实践。校长的办学理念如何转化为教师的自觉实践，这是管理学需要探

索的一个重要话题。班级教育小组集体负责制作为一种新的班级管理模式，从理论到实践，从观念转化为每一位教师的实际行动，需要一个漫长的过程。在这个过程中，教师经历了一个痛苦的蜕变过程，对改革的态度从被动到主动，从徘徊观望到主动求变，学科教师的角色从班级教育的旁观者转变为班级管理的主人，在与学生的互动交流中，体会到教师的职业幸福。改革使教育回到自身，使教师回归到教育者本身，而不是异化为只教书不育人的知识机器。教师在实现"从教书匠到教育者"的角色转化过程中，逐渐体会到班级教育小组内同伴合作的快乐。这从教师话语方式的变化可见一斑。以前学科教师常对班主任说，"你们班的学生如何如何"，现在教师则称"我们班的学生如何如何"。这样的实践结果非教师的亲身经历不能获得。由此可见，正确的教育观念或思想能够引领或改变教师的教育行为。

  班改实验的推进过程也是理论与实践交互作用的过程。改革设计者只提供一个蓝图，如何把班级教育小组做到实处，学生、家长、教师如何参与到这个过程中来，需要每一位教师创造性地发挥自己的聪明才智，消极被动地"坐、等、靠"是不可能取得好的实践效果的。例如，学生代表和家长代表可以直接参与到班级管理中来，但是学生代表、家长代表如何产生、如何参与等具体操作层面的问题，则需要每一位教师的实践智慧。如果说全体教师参与班级管理，相对于班主任一人负责制下的独断专行是一个挑战，那么学生和家长参与班级教育和管理，则是教育民主化的具体体现。从这个意义上，此项改革本身就具有了教育关怀和人文情怀。作为一项创新举措，班级实验本身有一个不断尝试、探索的过程，如何使这个过程走得更远，这就需要改革者保持开放的意识与胸怀，不断地自我修正与自我完善。

  走进这所学校可以发现，班级管理体制改革背后有着深厚的学校文化底蕴，其发生并非偶然。在这所学校，每学期开学前都有一系列的学术报告和有影响力的教育影片的播放，作为对全体教师的文化启蒙。这里还诞生了我国基础教育领域第一部依法治校的"学校法典"；学校的校训是"顺其自然"，体现了对于教育生态以及学生生命状态的尊重。由此可见，离开了学校文化土壤的滋养，很难有班改实验的顺利推进。这也是许多卓有成效的改革举措很难照搬照抄、简单移植的原因所在。

四、制度文化：班级管理体制改革的深层问题

目前，体制问题已成为教育改革的关键所在。教育体制中同样存在着很多不合理的现象，对这种现象人们往往视而不见，有时也会感到无奈，无能为力，只能坐等改革的发生。例如，在学校的制度设计中，学生是作为完整的生命体存在的，而学校的课程安排是分科设置的。教师往往各司其职，在教师的角色身份认同中，"我是语文教师""我是数学教师"，即教师首先认同的是学科教师的身份，其次才是教师的职责。这种基于学科分化的体制安排与学生作为完整的生命体的客观存在是不相适应的。而教育力与教育关系问题触及学校教育深层次的问题，即教育管理体制如何与教育对象的特点相匹配的问题。从这个意义上说，教育体制改革以及对于这种体制所承载的文化的改造还有很长的路要走。因为人们已经习惯了这样一种制度以及这种制度所承载的文化，习惯于各司其职的学校行政设置，包括学校德育处、教务处等职能部门的设置，而这种制度设计与学生的整体发展需要是不相吻合的。体制改革固然重要，但比体制改革更为关键的是制度带给人们的思维惯习。在目前的学校管理体制中，人们已经习惯了各司其职和只有分工没有合作的教师文化。

班级教育小组集体负责制打破了已有的学校管理体制，实现了从班主任一人负责制到班级教育小组集体负责制的转变。这个转变的背后是教师职责和角色的转换。班级管理体制改革的指导思想是，"教师即教育者，教师既要教书又要育人"，这是教育自身规律所要求的。而在目前的教育管理体制下，教书与育人是人为分开的，"两张皮"甚至"多张皮"的现象到处存在，这就是思维惯习。在这样的惯习下，教师合作是缺少载体的。在班主任一人负责制下，班主任仅凭一己之力往往难以承担超负荷的学科教学与班级管理

的压力，对学生的发展也极为不利。这种工作机制既难以实现班主任专业发展的使命，也不利于其他教师积极性的发挥。这从当前中小学绩效工资实施以来班主任工作面临的新的困境中可见一斑。因此，从某种程度上看，班级教育小组集体负责制为班主任专业化理论和实践提供了新的视角。

制度化的学校文化产生了制度化的班主任，形成了"只有分工、不讲合作"的班级管理文化。一方面，合作的教师文化因缺少体制的载体，很难成为现实。班级教育小组集体负责制为合作的教师文化提供了制度平台。传统的教研组、备课组强调的是学科教师之间的交流与合作，体现的是学科知识取向的教师文化，凸显的是教师的知识权威地位；这种机制很少指向个体学生以及具体的学生问题，进而形成了教师文化中"见物不见人"的特点。另一方面，条块分割、各自为政的学校管理体制不利于合作的教师文化的形成。合作的教师文化需要制度的平台和载体。在班级教育小组集体负责制下创设了"日碰头、周例会、月诊断"的交流机制，在班级教育小组的平台下提供了日常化的教师合作交流的机会。班级教育小组的每个成员都有自己负责的"牵手学生"，他们需要在与其他教师的合作交流中找到针对个别学生问题的最佳解决方案。这个过程就像医院系统里的专家会诊。按照钱校长的预设，每个教师都应该建立学生的个人档案，有针对性地为不同学生制订不同的学习计划和实施方案，真正做到因材施教。这在班主任一人负责制下是很难实现的。

五、主体实践：班级管理体制改革的意义建构

班级管理体制改革的理想境界是让师生在民主生活中践行民主。即通过全体教师、学生代表、家长代表共同参与班级教育和管理实践，通过集体协商、共同参政议政的方式，实现班级生活的民主化。这样的改革理想同样源于教育实践的启示。在班改之前，毕业班的教师自发联合起来，共同对班级学生的学习情况进行分析诊断，进而实现班级各科教学的优化。显而易见的

是，与班级事务一人决策相比，班级事务集体决策不够经济高效，这与当前基础教育领域一味强调通过精细化管理提高升学质量的应试教育环境是不合时宜的。正如钱校长所言，此项改革可谓"叫好不叫座"，听上去不错，但是真正做起来却很难。因此，对于此项改革意义的理解与认识，本身就是一个主动建构的过程。建构主义理论强调，社会现实的存在本身就是一种社会建构的结果，主体的人及其行动构成了社会现实本身，社会现实背后既隐含着社会制度给人们的社会行动带来的客观制约和限制，同时也包含了人对于社会行动及其意义的主体建构。教育改革本身就是实践主体对于改革意义的持续不断的建构过程。

对于这样一项从最初酝酿到今天已相对成熟与完善，历时数年仍在进行中的学校整体改革，我们充满着期待，其实践结果还有待时间的检验。因其涉及学校工作的各个层面，也因为人的差异性的普遍存在，其实施效果离改革预期还有一定的距离，从制度设计到制度实施之间还存在一定的距离。如班级教育小组的工作方式（日碰头、周例会、月诊断）因时间安排上的冲突而流于形式；"牵手学生"局限于班级里的"问题学生"，没有照顾到班级里的每一个学生；学生家长参与班级管理变相成为家长对学生的监管，进而导致学生的反感；等等。这些现象的客观存在告诉人们，再好的制度设计都不可能包罗万象，穷尽实践中的各种具体问题。对于实践主体而言，要留有一定的制度空间有待于个体能动性的发挥。在拥有了一定的制度平台之后，人的因素，即个体的差异性就成为制约改革进程的重要因素。人与制度之间表现出的多维互动关系，使得任何改革都呈现出多样性和复杂性的一面，而不会是众口一词、步调一致。

班改实验发展至今，许多教师已经看到改革的成果，在班级教育小组中体会到了合作的快乐、工作的幸福。如果教师真的行动起来，在改革中发现教育的意义、工作的价值，改革动力就会持久，就会胜过任何外力的强加。正是因为改革设计者有着这样的自觉自主意识，以及不断反思进取的精神，我们对教育改革才会充满期待：班级管理体制改革仍在进行中……

13. 班级管理体制改革中教师角色的转变

当我们一谈起教师的时候，脑海中就会浮现出"辛勤的园丁""人类灵魂的工程师""燃烧自己照亮别人的红烛"这些形象。在讴歌教师无私奉献、默默付出的同时，是否可以尝试着将教师从繁重的工作中解放出来？特别是班主任，他们在承担繁重的教学任务（班主任所教科目多为主科）的同时，还要对所带的班级负责，处理班级中发生的各种常规问题，协调学生与任课教师的关系，应对班级管理中出现的各种突发状况，在很大程度上赋予了班主任一种"全面管理者"的角色。与之相反的是，学校里的任课教师只负责日常教学工作，没有多花时间关注学生的身心发展。中国当前实行的班主任负责制就是上述现象的主要制造者，这一制度导致"任课教师负责教学，班主任负责德育"，形成教学工作和德育工作"两张皮"的局面。

2009年12月17日，南京师范大学班主任研究中心在南京外国语学校仙林分校举行了班主任沙龙，沙龙的主题是"班级管理体制改革中班主任角色的转变"。南京外国语学校仙林分校从2008年着手进行班级管理体制的改革，变班主任一人负责制为班级教育小组集体负责制，以行政推进、课题引领的方式全面落实班级管理体制改革。班级管理体制改革之后，班主任角色得到了转变，任课教师的角色也发生了变化。南京外国语仙林分校的钱铁锋校长是南京基础教育界的资深校长，在经过不断思考与实践后，学校成为中国基础教育界班级管理体制改革的一片"试验田"，班级教育小组集体负责制走在了中国基础教育改革的前列。他坚信：基层的改革只要一步一个脚印地做好，在不久的将来必定会为上层提供改革的范式，从而带来整个教育体制的全方位改革。

在班级教育小组集体负责制下，成员构成实行"1+N"的模式，即设组长一名，组员若干名。班级教育小组的组成成员有：班主任、部分任课教师、生活教师、学生代表、家长代表。其中，班主任担任组长，部分任课教师（2～3人）、生活教师（寄宿制学校）为核心成员。班长、团支部书记（中队长）、班级家长委员会主任为重要成员。班级教育小组成员涵盖了教师、学生、家长三方代表。学校的所有教师和生活教师全部进入班级教育小组。班级教育小组是班级教育的领导核心，是学校教育管理最基层的团队和组织机构。组长（班主任）是班级教育小组的核心，是第一责任人，是班级工作的决策者，对组员具有领导的职责，同时又是班级所有任课教师的协调者、服务者。班级教育小组组员是班级管理的主要成员，应服从班主任的工作安排，对班级工作具有建议权和管理权，对班级工作负有直接责任。班级教育小组的工作方式主要是通过集体决策、集体商讨、集体行动的形式来展开。在班主任的主持下，班级教育小组所有组员定期坐在一起，献计献策，共同商讨。做出决策以后，在班主任的领导下，由班级教育小组成员分工负责落实，所有任课教师既教书又育人，将德育工作和教学工作很好地结合起来，避免了原来德育工作长期游离于学科教学之外的现象。在经过"日碰头、周例会、月诊断"的三会制度后，制定了全班学生的个体指导方案，具体的指导工作分包到每一位任课教师。班级教育小组的评价方式采用"捆绑式评价"，即把班级教育小组看成一个整体来进行考核，考核内容包括班级的学习力、推进率、常规活动、班级文化建设等方面。同时，评价制度与分配制度挂钩。每个月会发放给班级教育小组成员一定的津贴，经考核成绩优异的班级教育小组年终还会进行奖励。

南京外国语学校仙林分校的班级管理体制改革，所产生的教育意义和社会效果是巨大的，不仅有利于发挥学生的主体作用，对学生实行全面素质教育，而且有利于发挥教师集体的作用，促进教师角色的转化，提高教师专业化发展。

教师角色是指教师在学校教育及班级管理中，为实现与其身份和地位相适应的权利和义务，所表现出来的符合社会期望的态度和行为模式的综合。教师角色的转变一方面要适应社会转型的需要，另一方面因为社会变革对学生也提出了要求，教师角色也必须随之发生转变。总之，教师角色的变化，受社会期望、学生期望、以及教师自我期望的共同影响。教师角色的转变是一个不可避免的趋势。在南京外国语学校仙林分校进行的班级管理体制改革中，班级教育小组集体负责制改变了原来班主任一人负责制下"一个人说了算"的局面，任课教师从班级管理的幕后走到了前台，学生和家长也从管理的客体成为管理的主体。在班主任沙龙上，参与班级教育小组的教师"现身说法"，生动地描绘了班级教育小组给他们带来的角色上的变化。

第一，班主任由班级的管理者转变为班级管理的领导者。在班级教育小组集体负责制下，所有教师处在一个具有较强行政关系的体制内。班主任带领着任课教师、学生代表、家长代表共同管理班级，大家的积极性被调动起来，责任心也随之增强。一位教师讲道："原来给任课教师分配任务时还不好意思，怕任课教师拒绝，现在班主任的领导意识明显增强了。"既然大家都在一个群体内合作，同呼吸，共命运，对于班主任分配的任务，科任教师、学生代表和家长代表都会积极地去做。

第二，班主任由班级管理的微观操作者转变为班级管理的宏观决策者。班级教育小组将班主任从繁杂的事务中解放出来，由任课教师、学生代表和家长代表替班主任分担了一部分重任。这给所有班主任带来了一次彻底的"减负"，不仅减掉了工作上的负担，而且还减轻了精神上的负担。一位班主任坦言："原来一个星期五天，天天都要跟班。现在实行班级教育小组集体负责制后，一个星期只有2~3天跟班，其他的时间我可以读读书，从整体上思考该如何进行班级管理，如何提高班级教育小组的工作效率。"

第三，班主任由权力的主宰者转变为权力的授予者。在传统的班主任一人负责制下，班主任拥有绝对的权威，集教育、管理、服务职能于一身。班级的民主意识得不到彰显，学生的主体地位也不断被削弱。班级教育小组集体负责制下班主任把权力下放给科任教师，授权给学生代表、家长代表。"三个臭皮匠，抵个诸葛亮"，集体的智慧和力量有利于班级管理的进一步开展。

第四，任课教师由单纯的"教书匠"转变为班级管理的实施者。在班主任一人负责制下，任课教师和班主任只是一种松散的合作关系，任课教师并没有班集体建设的"角色心理"与进行班级管理的意识。"事不关己"的状态让很多任课教师只知道如何教学，却不知道该如何育人。由于对学生的不了解，缺乏与学生的沟通与交流，影响了学生的学习效果。一位任课教师说："班级教育小组为任课教师提供了一个展现自己能力的平台，锻炼了我班级管理的能力，也在一定程度上提高了我的自信心，这让我的工作更加有干劲！"

通过对南京外国语学校仙林分校班级教育小组集体负责制的全面了解，我们深知班级管理体制改革的紧迫性与必要性。钱校长称，班级教育小组集体负责制是"摸着石头过河"。作为一个新生事物，从转变教师角色这个意义上来讲，它是具有强大生命力的。我们坚信，班级教育小组集体负责制有着广阔的发展前景，中国的教师必将合理地定位自己的角色，不断推进教师专业化发展。

14. 班主任社会支持系统的建构

教育改革已成为我国教育领域的一个核心话题。它在推进过程中势必会受到来自教育内部或教育外部诸多因素的影响,其中外部因素的作用和影响显得尤为重要。对于基础教育改革而言,更加需要一个广泛的社会支持系统,包括政治、经济、文化、家庭等各个方面的外部支持。人们在探索哪些人群更加需要社会支持这一问题时,更多地关注社会弱势群体,如农民工、城市打工人群以及他们的子女,少数民族、大学生,甚至是高校教师,但无一例外地回避了这样一个群体——班主任。

这说明,人们在认识上尚未形成对于班主任群体建立起社会支持系统的意识。这与当前班主任专业化的呼声日益高涨的现实形成强烈的反差。这个现象引起了我的关注,以下是我对这一问题的研究与思考。

一、社会支持系统的概念

社会支持系统是指由若干社会支持要素以一定联结方式构成的具有社会支持功能的有机整体。这个概念最早在西方心理学领域受到关注。Cassel(1974)认为,社会支持由主要团体提供,对个人非常重要,特别强调与亲密信任伙伴间的联结关系。Cobb(1976)认为,社会支持是个人归属社区、被爱及受尊重之相关信息。

社会支持具体包括三方面内容：情绪上的支持（被照顾及被爱）；自尊的支持（有价值及被受尊重），如班主任工作是否有价值感、班主任工作是否能得到更多的尊重，这也是我们探索班主任职业幸福感的一个重要内容；网络的支持，包括人际关系网络（个人属于该网络，且有相互义务），如一些地方组织的"学生最喜欢的班主任"评选活动，班主任大多拥有自己的人际关系网络，他的人脉关系，他和学生、家长、同事关系的支持等，这也是班主任提升职业幸福感的一个重要因素。

Brown 和 Harris（1978）认为，社会支持是个人有亲密的他人存在，且足以信任之。Berkman 和 Syme（1979）强调社会参与，社会支持借由婚姻、友谊、教会活动及团体会员之关系建构。如一些地市成立了班主任专业委员会，就是作为团体会员的关系建构。Caplan（1979）认为，社会支持可分为客观及主观层面，客观支持指可观察之支持援助，如来自他人信息之提供。主观支持指个人对支持的主观认知与评估，如班主任可以自我评估其工作是否得到学生、家长和领导的认可。Kaplan（1977）认为，社会支持是个人的社会需求通过与他人互动所得到的满足程度，特别强调信任关系的建立。

有西方学者提出一种脉络资源的模式，一个资源脉络中的社会支持包括配偶（同居人）、亲戚、朋友、邻居、工作督导、工作伙伴、照顾提供者、自助团体及健康（福利）专业人员等。社会支持系统包括这样一些维度，即物质、情感、心理、社会文化等方面的支持。

二、班主任为什么需要社会支持？

班主任这个群体为什么需要社会支持？为什么社会支持领域没有把关注目光投入到这样一个群体呢？

1. 班主任作为一个高压力群体。

在今天这样一个社会对教育的关注度日益增长，而对其满意度却较低的时代，班主任无疑成为一个高压力群体。过去是多子女的时代，家长与学校之间普遍存在着一种信任关系，而且家庭、社会与学校的影响是比较一致的。很多家长会说："我把孩子交到您手上，您该打就打，该骂就骂，就当自己家的孩子一样。"而在今天这样一个网络时代，家长对学校的关注度、期望值越来越高，与学校不再是一种信任关系。人们对社会的不满、对教育的不满最终会落到学校，甚至会落到跟孩子接触最多的班主任群体上。因此，班主任最有可能成为一个高压力群体。另外，学校实行德育工作一票否决制，尤其在学生安全方面，班主任工作往往首先成为一票否决的对象。

2. 超强的工作量和心理负荷。

班主任的实际工作状态表明，班主任无疑是学校工作时间最长的一个群体，他们大多承受着超强的工作量和心理负荷。况且，班主任工作是很难用在校时间来计算价的，他们几乎没有私人空间，承受了无边无际的工作压力和负担。很多学校要求班主任的手机24小时开机，保证学生在任何时间都能在第一时间找到班主任。班主任工作量之大、心理负担之重，是超过任何其他职业的。这也是很多教师不愿做班主任的原因。

3. 教育对象的特殊要求。

学生作为未成年人，是教育的对象和社会保护的对象，他们不能出任何问题。在一个孩子身上的一种教育失败，对于一个家庭来说就是百分之百的失败。所以，教育是一种"零容忍"。对于当前教育中存在的体罚、变相体罚或对学生人格的侮辱，学校应采取一种"零容忍"的态度。教育对象的特殊要求告诉我们，班主任工作是不允许出副产品甚至次品的，所以责任意识特别重要。

4. 道德高标下的有意忽视。

如前所述，目前国内学术界对社会支持的研究更多的是对社会弱势人群的关注，很少把班主任和弱势群体联系在一起。究其原因，在班主任专业化的诉求下，对班主任师德方面的要求越来越高，如将班主任的角色定位为学生的"人生导师"，成为"学生的精神关怀者"。在专业诉求不断提高的职业期待面前，班主任往往会被神圣化，被建构成为一个"教育超人"，无所不知，无所不能，进而成为被推上神坛的圣人。很多媒体对于师德楷模的宣传，如"教师带病坚持工作，累倒或累死在讲坛上"等报道，经常将班主任置于这样一种神圣光环之下，从而使人们渐渐忽略了班主任作为普通人的基本需求。班主任这个群体作为学生的"精神关怀者"，是建立在全体教师"人人都是德育工作者"的前提之下的。班主任群体目前正面临着"高期望值与低关注度"形成强烈反差的现实困境。这种困境也是班主任专业化在推进过程中无法回避的制度困境。因此，建立班主任的社会支持系统是班主任专业化的客观需要。

三、班主任社会支持系统的构建

班华教授在 2009 年提出了"谁来给班主任以精神关怀"这样一个命题，表现出对班主任群体的一种人文情怀。但是，仅仅依靠学者自身的教育情怀是远远不够的，只有建立一个具体可行的班主任专业化的社会支持系统，才能吸引越来越多的人热爱并愿意做班主任，才能让班主任真正享有职业幸福感。

（一）学校内部支持系统

1.班主任与科任教师的合作伙伴关系。

在目前学校实行绩效工资制度的现实背景下，很多一线教师反映，班主任越来越处于一种孤立无援的状态。以前班主任还可以借助同事关系，大家可能愿意帮忙做一些班级工作。绩效工资制度实行以后，很多人认为班主任津贴提高了，班级工作理应由班主任一人来承担。这样的教育环境对于班主任工作或学生教育工作而言，是非常不利的。建立班主任的社会支持系统，首先要在学校层面、制度层面，建立起班主任和科任教师的伙伴合作关系。如南京外国语学校仙林分校的班级教育小组集体负责制，就将所有科任教师吸纳到班级教育小组中来。在班级教育小组里，班主任和科任教师的关系不是领导与被领导的关系，而是一种同伴式关系。一些地方还实行了副班主任制或德育导师制。这些做法都有助于建立学校内部的班主任支持系统。因为在班级教育场域中，面对学生的不是班主任一个人，而是全体任课教师。

2. 班主任与学校职能部门的关系。

目前，学校管理体制上普遍存在着条块分割、各自为政的现象，教学处、学工处、德育处等各个职能部门都有自己的工作安排和一系列的考核指标，最终都落到班主任头上。只有有效整合各个职能部门的工作，才能提高教育教学效率。如南京外国语学校仙林分校将原来的教学处、德育处、学工处三个职能部门合并为"大教导处"，减少了很多重复的工作和要求。学校各职能部门应树立为班主任提供服务的意识，而不是简单的任务取向。正如一位校长所说，校长就是大班主任，就是为班主任提供支持和帮助的。职能部门只有树立这样一种服务意识，才能让班主任愿意从事这样一项艰辛而又复杂的工作。

3. 班主任的心理健康支持系统。

目前中小学教师的健康状况堪忧，教师身体和心理的患病率较高。而学校开展的心理健康教育，大多指向学生的心理健康问题，很少关注教师的身体健康或心理健康状况。这个问题需要引起社会尤其是学校的极大关注。

4. 学校意外事件的应急处理系统。

目前，学生安全问题是学校最重要的问题，而学生安全问题的第一责任人往往是班主任。围绕一些突发事件或由此引发的家校纠纷，往往需要班主任花费大量的时间和精力。为此，学校应建立一个意外事件应急处理系统，给班主任提供支持，帮助他们抽出更多的时间、精力用于班级教育管理工作。

（二）学校外部支持系统

1. 家庭的支持系统。

对于很多教师而言，做好班主任工作意味着"全家总动员"。很多班主任早出晚归，几乎没有时间教育自己的孩子，亲子之间的交往也很缺乏。在班主任的外部支持系统中，首先就是家人的支持，如亲子关系、亲属关系，包括孩子的养育问题。班主任拥有的亲密关系的支持，对于班主任而言是最为重要的。如果学校领导能够把工作做到教师家里去，让他们没有后顾之忧地投入班主任工作，无疑是对班主任的最大支持。

2.家校合作关系的建立。

家校合作关系如家长委员会，对于班主任工作也是一个重要的支持力量。我国台湾地区的家长委员会制度、志愿者制度都是值得我们学习借鉴的。比如台湾地区某学校的家长委员会有一百多个成员，还有很多家长志愿者。家长委员会每年都要换届选举，其职责是对学校进行监督和提供财力支持，甚至在校门口疏导孩子上学、放学这样一个安全维护工作都是家长委员会的志愿者在做。一个良性的家校合作关系对于班主任工作无疑可以提供最大的支持。

3.社区支持系统。

社区里的社区委员会，可以给学校或教师提供一些社会服务，如身体健康或心理健康方面的援助。因此，社区支持系统也应纳入学校的外部支持系统中。

（三）专业支持系统

1.班主任的职称制度和教研制度。

在所有社会支持中，班主任目前最缺乏的是一种专业的支持系统。黄正平教授归纳出班主任目前处在一种"三无"状态，即职业无生涯、成长无阶梯、职责无边界。班主任目前只能说是一个"准专业"，国内尚未建立起班主任的专业成长体系，如班主任没有职称系列、教研制度、制度化的研修制度，包括校本教研制度。很多班主任最终还是要走学科专业这条路，不能把全部的时间和精力投入班主任工作中。当然，在很多地方有这样的一些尝试，比如建立"星级班主任""优秀班主任"等评选制度，但是在国家层面还缺少系统的专业发展平台。

2. 班主任的评价制度。

班主任工作做得好与不好其实很难有一个科学的、客观的评价体系。很多地方对班主任的评价是只要学生不出问题，工作就是合格的，还没有一个科学规范的评价制度。

3. 班主任的团队建设。

班主任工作室在基层学校推进班主任研修方面，是一个非常好的模式。很多地市区建立了"班主任工作室"，有人称它为"把支部建在连队上"。南京师范大学班主任研究中心在班主任专业化的推进方面，尤其是在班主任的研修方面形成了自己的专业品牌——"随园夜话"班主任沙龙。这是一个来自民间的、一线班主任自觉自发的研修活动。"随园夜话"班主任沙龙从开创一直延续至今，每月一期，每期一个主题，教师们围绕班主任工作中的一些热点或难点问题展开自由研讨。现在，沙龙逐渐形成了主题化、系列化，成果也陆续地结集出版。它吸引了一批真正热爱班主任工作的优秀班主任，在全国产生了一定的影响，成为班主任专业成长的重要平台。

总之，班主任社会支持系统的构建，意在创设班主任专业成长的制度环境，促进班主任专业化建设完成从观念向制度的转变。只有这样，班主任才能从一个"准专业"成为真正意义上的专业。

15. 我国班主任工作状况调查

一、目的与方法

班主任是班集体的直接组织者、管理者、指导者，是全面关心学生发展的"主要教师"和"精神关怀者"。班主任专业化是政府、教育行政部门、学校、教师都必须面对的一场教育思想的变革。目前，在班级管理中仍然延续着传统的经验式管理的做法，这已很难适应儿童身心发展的需要，以及新课程改革的需要。新课程以人的发展为本，要求班主任把班级建设成为师生共同的精神家园。班主任对于整个班级的管理和领导是影响新课程改革实施的重要因素。为此，需要对当前班主任的工作状况进行深入调查研究。

南京师范大学班主任研究中心对来自全国的400位班主任进行了问卷调查，收回有效问卷363份，有效率为90.75%。调查问卷的主要内容是班主任的工作现状和教育行为，包括班主任的教育观念、基本素养、教育能力以及班主任队伍现状等问题，含33个封闭性问题和4个开放性问题。

二、结果与发现

（一）最理想的班主任特征是风趣幽默、宽严相济

在对"您最想做哪种类型的班主任"的调查中，6.4%的班主任选择

了具有学者风度，学识广博；13.3%的班主任选择了思想开放，充满激情；37.7%的班主任认为要尊重学生，有平等意识；而选择风趣幽默、宽严相济的占42.6%（见表1）。

表1 您最想做哪种类型的班主任

班主任特征	占 比
具有学者风度，学识广博	6.4%
思想开放，充满激情	13.3%
尊重学生，有平等意识	37.7%
风趣幽默，宽严相济	42.6%

由此可见，现在的班主任不再把学生看作被管理、被规训的对象，而是具有平等地位的被尊重的人。同时，教师不再把自己想象成无所不知的圣人，故步自封，而是思想开放、充满激情的领路人。

在对"您与学生的互动中"的调查中，95.4%的班主任认为能从学生身上学到自己所不知道或不了解的知识。

(二) 多数班主任赞同"教师是研究者"

绝大多数班主任赞同"教师是研究者"这一看法，认为教师不但要研究教材，还要研究学生和学生家长。少数班主任认为，只有部分教师是研究者。因为许多教师对教育虽然有感想和反思，但是由于忙碌或懒于动笔而没有形成文字，只有部分教师会把自己的教育教学经验及时记录下来，进行总结和反思。

调查显示，大部分班主任认为需要教育理论的指导，教师须对自己在教学中遇到的问题进行反思、研究、总结，以提高自己的教育水平；教师不仅是研究者，更是探索者和创造者；要对班主任进行专业化培训，多组织交流活动，但在实际工作中，许多教师感到没有充足的时间和精力学习或搞科研，特别是班主任工作太琐碎，搞科研力不从心，有的还提出设立专职班主任岗位。另外，被调查者认为，教育管理部门或学校应创设物质条件和精神支持，鼓励班主任搞科研。

(三)班主任对学生的评价更加多元、客观和全面

在这次问卷调查中，我们设计了开放性问题，如"您认为在您的班级中，什么样的学生是'差生'？您采取怎样的措施使其转化？"被调查者的回答可归纳为以下三类。

(1)相当一部分班主任认为"思想品德差，行为习惯差，学习成绩差"的学生为"差生"，采用的处理方法一般为：经常与其交流谈心，用言语开导学生；发挥榜样的力量，建立帮教措施，经常与家长沟通，了解学生产生问题的深层次原因；加强课后辅导，及时表扬其进步。

(2)有的班主任认为，成绩并不是判断的标准，对于行为习惯差、态度不端正、不守纪律的学生，应该拿放大镜找其优点，多交流。

(3)还有的班主任认为并不存在"差生"，只是学生在某个阶段出现了问题而已，教师需要帮助其解决问题。

在诸多问题中，比较严重的问题是学生的学习态度和做人方面出现偏差。教师对于这样的学生，必须给予足够的重视，尊重他们，但绝不纵容。

(四)班主任组织、协调能力相对较强，科研能力较弱

尽管多数班主任能得到学生和任课教师的支持，仍有逾四成班主任花在班级日常管理上的时间与教学时间相当。调查发现：只有10.5%的班主任认为"学生中的问题较多，花费了自己太多的精力"；23.4%的班主任认为"学生能够进行自我管理，班主任应放手对具体工作的管理"；24.1%的班主任认为"班级工作样样需要班主任进行设计和管理"；42%的被调查者认为"学生和任课教师能够参与班级管理工作"(见表2)。

表2　班主任目前的工作现状

现　状	占　比
学生中的问题较多，花费了自己太多的精力	10.5%
学生能够进行自我管理，班主任应放手对具体工作的管理	23.4%
班级工作样样需要班主任进行设计和管理	24.1%
学生和任课教师能够参与班级管理工作	42%

在"与您承担的学科教学相比，花在班级日常管理上的时间"的调查中，44.3%的班主任认为与学科教学上花的时间相当，30.7%的认为少于学科上花的时间（见表3）。

表3　与您承担的学科教学相比，花在班级日常管理上的时间

现　状	占　比
与学科教学上花的时间相当	44.3%
少于学科上花的时间	30.7%

绝大多数班主任与学校管理者、科任教师和家长建立了联系与沟通。新课程理念特别强调要搭建教师与学校管理者之间、教师之间、教师与学生之间、教师与家长之间合作与沟通的桥梁和平台。调查显示，对于班主任在班级管理中产生的新想法或新思路，63.9%的被调查者认为，学校管理者尊重并支持他们的想法，10.9%的被调查者认为管理者冷淡处理。分别有35.5%和53.1%的班主任认为科任教师很支持他们的工作，不支持的仅有2%。

在与科任教师的交流中，93%的班主任以交流本班情况和管理经验为主，5.6%以寒暄为主。在与家长的沟通中，26.9%的班主任主动与家长沟通，2.8%的班主任没有什么事一般不与家长联系，70.3%的班主任采取互相沟通、双方交流。在与家长交流的内容中，学生的学习成绩和学习习惯占67.1%，关于学生心理健康的内容只占3.3%。

四分之一的班主任未参加过课题研究，三成班主任认为科研活动实际意义不大，四成班主任敷衍完成科研论文。

表4 参加课题研究

没有参加课题研究	校级课题研究	区、市级课题研究	省级或以上课题研究
25.9%	26.7%	28.9%	18.4%

从表4可以看到，高达25.9%的班主任从未参加过课题研究。在"您认为科研活动对于班主任工作的实际意义"的调查中发现，65.1%的班主任认为实际意义很大，能促进班主任的工作和发展，32.6%的班主任认为实际意义不大，只是形式而已，在实践中不可能实施，这或许是有25.9%的班主任未参加过课题研究的原因之一。即使是在参加课题研究的教师中，也有42%的班主任坦言，他们的科研论文是东拼西凑出来的，或者随便抄一篇了事的。

（五）思想道德教育工作难度最大

调查发现，班主任感到难度最大的工作依次是：学生的思想道德教育、学生行为规范的教育与训练、学生厌学的问题。班主任最困惑的问题是：学生家长误解与不配合，教师个人的力量太小，如何处理学生之间的关系和学生心理问题。班主任工作的压力主要来自：学科教学工作与班主任工作的矛盾，学生、家长对班主任的期望以及自己对班主任工作效果的高期望。班主任最希望解决的问题是：班主任工作与教学工作之间的协调，学校和家长能够配合班主任的工作，提高待遇，有更多的进修学习机会。

（六）班主任自我发展与提升有限

新课程要求教师转变角色，教师既是研究者，也是学习者，要由"一桶水"向"生生不息的奔河"转变，要与学生共同成长。这就需要教师随着时代的变化不断更新知识，提升自我。

对于"您业余经常阅读的内容是什么"这一问题，25.7%的班主任选择了"基本不阅读，完成工作量已经够疲劳的了"；有27.3%的班主任阅读相关专业方面的书。而用于科研上的时间，32.3%的班主任认为时间很少，只有10.1%的班主任认为时间充足。在接受班主任培训的方式上，76.4%的班主任是利用寒暑假培训，有12.2%的接受校本培训。

调查表明，教师特别是班主任要真正成为研究者，成为积极的学习者，不仅需要教师转变自身观念，还需要更多的时间和进修机会来提高自身的专业化水平。

三、讨论与建议

上述调查结果表明，班主任专业化的问题尚未引起足够的重视，同时，班主任的科研意识、科研态度和科研能力尚有待提高。

1.班主任专业化的问题还没有引起足够的重视。

当前，班主任专业化的问题在多数学校并没有得到足够的重视，主要表现为：第一，在班主任队伍建设方面的投入较少，劳动付出与回报的严重失衡，使得教师失去了担任班主任工作的兴趣。第二，班主任的业务培训不足，虽然这些年不少学校也把教师队伍建设看得很重要，但仅靠送少数教师出去培训、进修，而多数教师依然在原有岗位上年复一年地重复自己的工作，教师队伍的整体素质很难提高。第三，在学校的一系列评优、晋级、职称评聘等工作中，班主任工作并没有显现出足够的优势，从未当过班主任的教师依然享有同班主任一样的权利，这严重影响了班主任工作的积极性。

2.班主任的科研意识与科研能力有待提高。

班主任应充分认识到其工作的创造性与复杂性，应把工作重心放在了解学生、研究学生，根据学生的心理特点采取行之有效、灵活多变、富有创造性的德育方法上，用最少的时间、精力去获得最佳的教育教学效果，实现德育过程的最优化，这就对班主任的专业化水平和科研能力提出较高的要求。然而，调查结果并不乐观。

调查表明，班主任花费在班级学生思想道德、心理教育和班级日常管理上的时间远远高于学科教学的时间。在日常教育教学工作中，班主任工作被简化为简单的重复劳动，耗费了大量的时间与精力，以至于无暇开展科研。有的教师甚至连业余阅读的时间都没有，这无论是对班主任的个人提升还是对班主任的专业化发展都非常不利。班主任必须认识到研究是一种意识，一种态度，不是简单地总结工作经验。科研能力的培养，是班主任主体意识、主体精神、社会责任感的重要体现。

鉴于此，我们对班主任专业化发展有如下建议：

1.班主任应树立终身学习的观念。

在未来社会中，现代人注定要面对持续不断的变革和知识的更新，班主任必须树立终身学习的观念。为了适应现代社会的挑战，为了学生的未来，教师需要不断"充电"，成为终身学习者。只有不断用新的知识充实自己，教师才能与时俱进，不断以发展的眼光来观察和指导整个教育过程。班主任工作是一种专业性很强，需要高度创造性的工作。教师要想胜任班主任工作，不仅需要职前的专业教育和师范培训，更需要在其职业生涯中不断地进行锤炼。班主任必须学会反思，这样才能不断寻求新的工作内容与工作方法，根据自身优势和学生特点，富有创造性地开展班级活动，实现合理的班级管理，胜任班主任的工作。

2.班主任应提高科研能力，在教育科研中不断成长。

教师的工作对象是学生，而学生有着不同的家庭背景、成长经历和性格特点，因此，工作方法并无现成的公式和统一的方法可用。班主任要真正理解"教师即研究者"的真义，敏锐地观察、判断自己的教育行为，探索自己的教学和革新行动，将教育研究与自身的教育教学工作紧密结合，使研究成为理性工作的过程，通过不断反思、总结、实践等手段，切实查找自身实际工作中的问题，并经过认真分析，随时调整，及时改进，使自己的教育活动得到提高。

3.完善班主任专业发展机制。

各级教育主管部门和学校应采取措施，加强班主任的理论学习和业务培训。正如教师队伍建设最终要立足于校本培训一样，班主任队伍建设也不可能经常性地让班主任脱产学习和进修，只能在校内通过一定的措施和制度，促使班主任自觉地投身于学习中，逐渐培养起读书和学习的习惯。建议成立班主任工作研究专家组，深入基层学校针对班主任普遍感到困惑的问题开展研究，引领班主任在新课程中走向成长。他们是学校教师的"自己人"，他们活动的场所在学校，思考的问题是校园里急需解决的问题，主持的课题是从本校的实际出发，有针对性；他们可以把最新的理论成果带到学校，向广大教师普及，也可以掌握教育实践中的具体问题。学校可定期开展班主任教育教学工作研讨、交流活动，为班主任创设宽松和谐的学习氛围；建设和完善教师网站、班主任网站，对班主任工作中普遍存在的薄弱环节开展专题讲座或论坛，进行案例研究，加强信息交流与沟通。

4. 建立合理的班主任工作评价体系。

一直以来，班主任的工作被人们认为是一项需要奉献、牺牲的工作，舆论也给予了大量的引导，塑造出一个又一个无私奉献的班主任形象。但是班主任也是普通人，他们的付出需要有相应的回报，一味地要求他们付出而不强调收益是不现实的，毕竟班主任工作是一项高投入的工作，因而精神上的激励还须辅之以物质上的奖励；同时，在学校的评价系统中要处处显示班主任工作应有的优势，从而形成人人愿当、人人争当班主任的竞争氛围。建立公正公平、科学合理的班主任选拔和评价体系，有利于班主任的可持续发展，也能让学校的整体工作在良性循环中不断走向更高水平。

16. "班主任专业化"别议

2006年,教育部颁发了《关于进一步加强中小学班主任工作的意见》;2007年,全国中小学班主任全员培训纳入议事日程,并从制度上得到了保障。从此,班主任作为教师队伍中的一个特殊群体,其专业化进程已从认识层面进入实际操作层面。相对于教师专业化而言,班主任专业化有其特殊性,即班主任既是学科教师,又是班级管理的主要责任人。班主任的双重角色和身份,导致班主任专业化的历程较之学科教师的专业化显得更为复杂和艰难。其中,有许多问题值得深入探索。

一、对班主任专业特殊性的认识

班主任作为一支特殊的教师队伍,其专业发展与教师专业发展既有共性,也有特殊性。其特殊性主要体现在班主任的角色定位与班级特殊操作系统两个方面。

(一)以班级作为基本的研究单位

从班主任工作的实际情况来看,班级作为学校教育教学的基本单位,承载着学校方方面面的工作。对于班主任而言,往往是非常具体而琐碎的,仅靠单一的学科知识是难以解决的。从学科分类的角度来看,班级往往成为多学科研究的对象，大致包括：班级管理学、班级文化学、班级社会学、班级德育学等。因此，对于班主任而言，需具备更加广阔的人文社会科学知识与研究视野。学科知识与班主任的实践性知识相比，实践性知识往往占据主要地位。

（二）班主任特殊的关系系统

班主任角色的特殊性，表现为班主任要处理好以下几种关系。

1. 自身关系系统。

班主任在学校工作中往往身兼双重工作，即教学工作和班级管理工作。而在现有的评价体系下，教学工作被认为是班主任的主业，班级管理和教育则成为副业。在一些学校领导眼里，班主任工作只要不出事，就算完成任务，学科教学、考试成绩是硬道理。德育工作始终处于为教学服务的辅助地位，这同德育首位的目标定位是不匹配的。

德育的地位决定了班主任的实际地位。具体落实在班主任身上，就是要处理好教学与班主任工作的关系。尽管二者实际上并不矛盾，尽管班主任工作的重要性人所共知，但是具体到学校工作的分工，客观上存在着学科教学与班主任工作两个系列。其中，学科教学是显性的、硬性的，有一套严格的量化评价系统，与教师的生存和发展紧密相关；而班主任工作相对而言则具有弹性，并且难以量化考评。所以，尽管学校和教育行政部门认可班主任工作是主业，但是现有的评价制度还是把班主任工作建构成一个副业。

2. 外部关系系统。

班主任区别于一般学科教师之处，在于他作为班级的主任级教师，要对班级工作和学生的全面发展负责，更多地发挥班级教育工作组织者、协调者的角色，同时还要处理好与学生、科任教师以及家长等方方面面的关系。因此，班主任区别于一般学科教师的重要专业素质之一，就是自身的人格魅力以及人际沟通能力。

二、班主任专业发展的目标定位

班主任作为一个专业,其发展的目标定位可以从班主任工作的特殊性以及班主任研究的特殊性两个方面进行分析。

(一)教育性内涵高于专业性要求

班主任工作内容的全面性、角色类型、劳动性质的复杂性以及时间投入的蔓延性(无边界),与其所得的回报之间是不成比例的。换句话说,班主任专业发展的目标定位与现有的社会评价系统和环境是不相吻合的。在现有的教育评价体制下,班主任专业化的要求从某种意义上超越了班主任个人的承受能力。繁重的教学任务与班主任工作,给班主任带来了巨大的精神压力。班主任专业发展需要一个更加宽松的教育环境和社会环境。从一定意义上看,班主任专业化面对的困境不仅来自教育问题自身的复杂性,还涉及社会的用人制度、评价机制、人才观、价值观等重大社会问题。这一切都给班主任提出了更高的要求,即:班主任首先是作为一名教育家,而不是教书匠。班主任工作教育性的内涵应始终高于对专业性(知识与技能)的要求。

(二)问题取向而非学科取向

班主任面对的是非常具体的教育问题和教育情境,班主任的专业发展不是纸上谈兵、纯粹理论建构的工作,而是一个在实践中不断反思、自我提升和成长的行动研究过程。在这个过程中,任何学科知识、专家知识都不能取代班主任作为研究者和实际操作者的主体地位。在这一点上,班主任专业发展要注意汲取教师专业发展中成功的经验和失败的教训。但是,这里存在的一个悖论是,在当前学科化的制度框架下,要想提高对班主任工作重要性与班主任研究重要性的认识,不得不走学科化的发展道路,但学科化的发展道路又会使班主任研究成为少数专家的专利。而失去广大班主任的理解与支持，班主任研究也会成为无源之水、无本之木。从当前班主任研究现状来看，开设班主任课程的师范学校还很少，从事班主任研究的专业团队尚未建立，班主任作为一门独立学科的地位尚未确立。凡此种种，都与当前班主任研究的社会需要是不相吻合的，班主任专业化还有一段很长的路要走。

三、班主任专业发展的社会支持系统构建

（一）班主任的自我激励系统

从优秀班主任成长的个案中我们发现，优秀班主任具有强烈的自我成长需要和动力系统。他们往往不是墨守成规、简单机械地完成任务，而是敢于冲破制度的枷锁和来自体制内外的压力，把学生发展的需要而不是个人的得失放在首位。在他们身上，往往表现出强烈的敬业精神和甘于奉献、自我牺牲的悲剧意识。在他们身上集中了教师的优秀品质，因而成为教师队伍中的优秀代表。要重视对班主任专业成长特殊规律的研究，创建一个良性互动的团体氛围，使优秀班主任的星星之火成为燎原之势。通过教育博客记录自己和班级的成长故事，发现并形成自己的班级教育风格和特色，已成为一些优秀班主任的自觉追求，如南京市优秀班主任陈宇老师的情感教育、阳刚教育，袁子意老师的快乐教育等。

（二）班主任的社会支持系统

1.职称系统。

建立健全班主任的职称系统，使班主任与学科教师一样获得正常的职称晋升机会。从体制上确认班主任的专业地位，从根本上改变班主任作为"副业"的刻板印象。

2.发展性评价系统。

对班主任专业地位重要性的认识，受到当前考试制度的制约与影响，使

得一些想有所作为的班主任不能名正言顺、理直气壮地开展研究。在一些学校，教师热心班主任工作，开展有利于学生身心发展的活动，往往被认为是不务正业，耽误学生学习，致使许多学校毕业年级的班级活动、学生活动几乎是空白。为此，需要建立一个科学的对班主任、班集体建设的发展性评价系统。

（三）专业化的班主任队伍建设

班主任专业成长所处的特殊境遇（高投入、评价滞后、认可度低）决定了班主任自身必须坚守教育信念并甘于寂寞；教育问题的复杂性和学生问题的全面性，决定了班主任不可能独自面对所有的问题；为此，需要班主任与任课教师、学生、学生家长之间结成广泛的教育联盟和统一战线，同伴互助，共同成长。

四、班主任专业化的实践探索

（一）从班主任工作到班主任研究

在专业化的视野下，班主任工作不再是琐碎的事务性工作，而是具体而真实的教育研究现场。这里每天都在发生着生动感人的教育故事，同时也蕴含着丰富的教育资源。与一般科任教师相比，班主任有更多的机会和可能走进学生的内心世界，因此获得了更多、更丰富的对于教育的内在感悟与体验，自身的精神世界获得充盈和提升。这构成了班主任独特的教育生命历程。班主任研究要善于挖掘优秀班主任身上的教育智慧和精神品质，进而丰富对教育理论和实践的理解与认识。

（二）探索适合班主任专业成长的途径与方法

班主任面对的教育问题的特殊性，决定了班主任的专业成长不仅是理论提升的问题，更多的是实践智慧的增长。为此，需要探索一条适合班主任工作特点的培训模式以及日常化的研修模式，将结合具体问题情境的案例式培训作为一种重要的培训模式，进而实现专家知识与实践性知识的结合、班主任自我提升与班主任理论建设的结合。目前，在实践中形成的一些好的研修模式和做法，如优秀班主任工作室、班主任沙龙等，值得在全国范围内推广。近些年来，通过网络等媒介脱颖而出的优秀班主任的成功案例，应该成为班主任理论研究的重要素材。班主任方面的研究者应通过对优秀班主任案例的积累，总结提炼班主任专业成长的规律。

17. 回归教育：班主任专业化的本质义涵

班主任作为教师队伍中的一个特殊群体，在中国学校教育的制度设计中，承担着全面负责班级教育教学工作的重任。可以说，班主任工作是学校工作的缩影。班级构成学校教育的基本单位，既是班主任工作的主要内容，也是班主任专业化成长的主要载体。

班主任专业化概念的提出，凸显了班主任工作在学校工作中的地位和作用。班主任专业化，意味着班主任工作相对于学科教学而言，不再是副业，而是主业，需要专门人员从事专门研究，这对于提高全社会对班主任工作重要性的认识无疑具有重要作用。这是从对班主任工作的地位和作用的认识角度来分析的。但是具体到学校场域以及班主任所置身的学校教育关系系统来看，班主任专业化还有许多尚未解决的问题。当前比较突出的问题是，班主任与学科教师两大教师群体在教育教学中的关系问题。班主任一人负责制的制度设计，意味着班主任作为学校德育工作者，专司学生的德育工作，而学科教师可以只负责学科教学任务，尤其是在学科不断分化和专门化的背景下，教书与育人成为各司其职的两个独立的组成部分，与之对应的是学校教务处、德育处的人为分化。这样一种制度设计，不利于学校全面育人培养目标的实现。这是从制度设计层面所进行的分析，即班主任专业化会受到一系列制度的制约，包括如何认识班级；如何在班级层面处理好班主任工作与学科教学的关系，班主任与科任教师、与学生的关系；如何将教师集体与学生集体协调统一为一个有机的班集体等。在现实生活中，人们对班主任专业化还有许多不同的认识和看法。有人认为，既然提出班主任专业化，就意味着班主任可以只做班主任，而无须承担学科教学任务。对于班主任的自身成长而言，究竟何谓一名专业的班主任，如何成长为一名专业的班主任，班主任作为一个专业意味着什么，还需要深入探讨。

一、如何认识和理解作为专业的班主任

班主任专业化作为教师专业化的重要组成部分，其区别于学科教师专业的特殊内涵是什么？班主任专业化的内涵主要包括两个层面：班主任的角色内涵和班级特殊教育操作系统，主要强调班主任区别于普通学科教师的特殊性，即角色内容和工作内容的特殊性；最近提出的对于班主任专业化目标和内容的理解，主要包含四个方面：教师道德、专业科学知识、教育学原理、教育能力。[1] 如果对上述内容进行归纳，可以得出结论：班主任专业化＝专业学科知识＋教育学知识能力。这样的专业化内容与教师的专业化并无太大差别。如果说学科教师的专业性主要体现在学科的特殊性，那么，班主任作为学科的特殊性是什么？当把学科教师专业化与班主任专业化并称的时候，存在着一个误区，即把教书与育人割裂开来，学科教师就意味着可以只教书，班主任则只负责管理和育人，用专业性取代或湮没了教育性。这无疑是按照知识进行学科分化的产物。而在实际的教育教学过程中，教书与育人是密不可分的。如果回归到教育的本意来理解，班主任专业化就意味着把育人工作放在学校教育的突出位置，把关心、教育、影响学生作为一门综合性的人文社会学科来研究，而这样的学科是超越了狭隘的学科分类边界的。这就是人们通常所说的，班主任要成为杂家，而不是专门技术人员。班主任作为一门复杂性学科，是超越了学科边界的，所以没有也不能有一门专门的班主任学。另外，班主任能否作为一个学科或专业的名称还有待从学理上加以论证。

因此，班主任专业化必须回归到教育的本意来理解，才可能走出今天的学科分类体系对于班主任专业化的限制。做一个专业的班主任，就意味着班主任要成为教育家，而不是教书匠，更不是班级的管理员。无论是成为学生的精神关怀者、班级教育教学活动的组织者与协调者的角色内涵，还是作为一项精神劳动的职业属性，无疑都是在凸显班主任工作的教育性。班主任工作的教育性首先意味着要按照教育规律办事，遵循学生身心发展规律，减少工作的盲目性，杜绝违背教育规律的一系列反教育行为。同样，从教育的本意层面来分析，学科教师的专业化绝不意味着只是加强学科的专业化水平，而放弃对于教育本意的追求。正如哲学家雅斯贝尔斯所说，教育乃是心灵与心灵之间的碰撞与交流，舍此，便不再是教育，而是训练。而训练是人与动物共有的，唯有教育是人类特有的社会实践活动。班主任专业化只有上升到教育的基本理论层面来理解，才可以避免狭隘的专业主义取向，走出一条更为广阔的发展之路。

二、如何成为一名专业的班主任

成为一名专业的班主任，就意味着成为一名教育家，而不是教书匠，即把教育作为志业，作为终生从事的事业来经营。除了对教育的理想追求和信念，作为一名专业的班主任还需要冲破一系列制度化的障碍、现行评价体制的制约和经验主义的自我局限，不断创新班级教育和管理的理念和方法，更好地实现班级的社会化功能和个性化功能，为学生的终身发展奠基。

1. 不断研究学生，研究班级。

把学生、班级作为科学研究的对象，而不是出于管理的便利，仅仅作为管理和治理的对象。把研究学生、研究班级作为班主任研究的出发点和落脚点，遵循儿童身心发展规律，一切按规律办事，而不是凭经验办事。班级作为一个社会组织或初级群体，是多门学科研究的对象，班主任要有意识地学习借鉴班级社会学、班级管理学、班级文化学等多门学科的最新研究成果，把班级作为毕生研究和实践的事业，逐渐成为班级教育的行家里手。

2. 不断创新教育理念和工作方式。

在当前日渐功利化的价值取向和应试教育仍然盛行的社会背景下，班主任工作在很大程度上意味着奉献和付出。尽管班主任的津贴已经有了很大提高，但是与班主任的付出相比，仍然是不成比例的。换句话说，班主任工作的价值是无法用物质手段来衡量的。这是当前班主任专业化的误区之一，即认为班主任专业化意味着不断提高班主任的津贴和待遇。当然，随着班主任专业化的推进，班主任的精神劳动会逐步得到全社会的承认，并从物质上得到体现，这也是班主任专业化的一种体现。但是，班主任专业化绝不限于此。今天，班主任作为一项精神劳动的价值和意义仍然有待加强。要成为一名专业的班主任，就要超越目前的教育管理体制和评价体制的限制，突破诸多制度性局限，勇于实践和探索，不断创新班主任教育理念和工作方式方法。为此，班主任需要不断学习，不断自我超越，走出一条自主成长之路。从这个意义上讲，班主任专业化还是班主任应知、应会、应能的基本要求，教育家不是按照一个固定模式可以培养出来的，因此，班主任应该从自己的实际出发，最大限度地发挥和实现自己的潜能，做最好的自己，而不是一味地效仿他人。

3. 整合班级教育力量。

班主任专业化绝不意味着班级事务由班主任一人说了算，也不意味着班主任在班级教育教学工作中单打独斗，而是要组织协调好班级的各种教育力量，形成教育合力。班级教育力量包括学生力量、家长力量、教师集体力量、社区教育力量等。其中，学生力量包括学生个体力量和学生集体力量。班主任要善于调动学生个体和集体的积极性，把班级建设成为学生民主自治的共同体，让学生在参与班级事务的组织和管理中，学会过民主生活，为未来社会培养高素质的社会公民。班主任对于家长力量和社区教育力量的统合，可以更好地发挥学校在社区建设和社会教育中的引领作用，推进社会的民主化进程。如何调动学科教师的教育力量，形成班级教育合力，则需要班主任和学科教师的共同努力，同时也需要学校管理体制的不断创新。

传统意义上的学校教育是按照学科课程组织实施的，学科课程不是从学生的现实需要与兴趣出发，而是从学科逻辑出发的。它使各科教师为实现各自学科的目标而教，彼此之间缺少必要的联系。加之班主任一人负责制的实施，造成学科教师只司教学，班主任只负责班级的事务性工作，很少有人从学生的全面发展和现实需要出发考虑问题，进而导致学科教师教育性功能的退化。学校教育的学科化取向已经制约了人才培养的质量，学校教育改革势在必行。南京外国语学校仙林分校以班级教育小组集体负责制取代班主任一人负责制的做法，在国内引起了广泛关注，为班级教育团队的形成和教育合力的构建提供了制度上的保障，迈出了班级管理体制改革的关键性一步。它改变了目前学校教育中条块分割、各司其职、互不关联的教育生态，为学校教育注入了新的生机和活力，使学校的教育力和教育关系[2]得到最大限度的发挥。

三、成为一名专业的班主任意味着什么

成为一名专业的班主任并不只是班主任个人知识技能和专业素养的提高及职业幸福感的获得，而是形成了一个班级教育集体，这里的集体包括学生集体和教师集体。学生集体意味着学生成为一个自主组织，自我管理班级的各项教育事务；教师集体的形成，意味着班级所有教师成为一个目标一致、团结互助、优势互补的教师团队。班主任专业化要求的不是班主任的个人英雄主义精神，而是一种团队合作精神。

班主任应该成为教师队伍中的优秀代表，能够团结带领广大教师共同担负起全面育人的重任。为此，班主任需要增强工作的使命感和责任感，提高自身的管理能力和工作艺术，从大量琐碎的班级事务性工作中解放出来，更好地发挥班主任作为学生集体和教师集体的组织者的双重角色，更好地整合家庭和社区的各种教育力量，为学生身心的健康成长营造一个和谐的教育氛

围。这样的角色担当和教育使命,并不是班主任一人可以完成的,它有赖于一种宽松和谐的社会环境,一种有理想、有追求的学校文化、教师文化和学生文化。在良好的社会环境尚未形成的今天,需要有一批敢为人先的改革精英来引领我们前行。他们是一些有识之士,是一些有理想、有追求、有梦想的志同道合者。他们中有校长、教师、学生、学生家长,以及一切热爱教育的人。有了这样的社会力量和社会支持系统,作为专业或事业的班主任,其专业化成长就有了现实的基础和可能。

参考文献: [1] 班华.发展性班级教育系统[M].南京:南京师范大学出版社,2000.

[2] 陈桂生.中国德育问题[M].福州:福建教育出版社,2007.

18. 知识抑或修养：班主任专业化的价值诉求

班华教授在 2004 年《人民教育》杂志第 15、16 期发表的系列文章《专业化：班主任持续发展的过程》，开始了从理论层面对班主任专业化进行系统研究的进程，至今已有 10 多年时间。那么，班主任专业化的现状如何？在制度设计方面，迄今为止仍没有专门的班主任职称系列，导致广大班主任教师对于班主任专业的认同度较低。很多教师仍然停留在班主任工作层面，将班主任工作视为一项不得不从事的事务性工作，而不是作为一个专业加以研究。调查发现，班主任教师花在班主任工作上的时间，远远大于花在学科教学上的时间，有的甚至花费两倍以上的时间。投入这么多时间却从不研究班主任工作，导致班主任工作大多处于低水平重复的状态，仅凭经验管理班级。越来越多的班主任教师存在职业倦怠感，很多人在评上高级职称后，就选择离开或放弃班主任工作，真正喜欢并且热爱班主任工作的只是少数，这是大多数班主任的现实境遇。在学校目前的制度环境下，虽然情况正在不断改善，但仍不具备开展班主任研究的时间和空间条件，而对于班主任工作重要性的认识，无论是学校还是家长都是有着普遍共识的。班主任工作的重要性与班主任研究的缺失，这个看似矛盾的现象引起了我的思考。

一、知识抑或修养：班主任专业化的再审视

基于当下的教育时间和空间背景，本文想从一个新的视角对班主任专业化进行再审视。这里用了知识抑或修养这两个关键词，将班主任专业化区分为知识取向的班主任专业化和修养取向的班主任专业化，以此区别于学科的专业化。所谓知识取向的班主任专业化，就是把班主任视为与学科同一类型的专业，可以通过一系列知识技能的学习与训练达成；所谓修养取向的班主任专业化，则认为班主任的专业化不同于学科的专业化，更多地体现为一种修养或综合素养。

随着班主任专业化进程的不断推进，班主任专业化必然需要一定的标准、规范，势必走向学科化的发展道路，将班主任完全视作一门学科，进而出台一系列的考核和评价标准。本文把它概括为知识取向的班主任专业化。这就意味着需要更多、更精细、能够量化的考核指标，进而表现出更多的工具理性和技术理性。这种取向是需要警惕的。修养取向的班主任专业化强调的是班主任专业与学科专业的不同之处。当然，知识与修养之间的划分是相对意义上的，而不是绝对意义上的。因为我们对任何事物进行哲学审思时，仿佛都绕不开二元论的思维模式，即首先将事物进行分类，这会造成一种人为的对立，因为只要进行分类，就存在着一定的局限性。

有人说，学科教师的专业化也可以体现在修养层面，正如学科教学也可以渗透德育一样。学科教学的德育可称为间接德育，而班主任所从事的德育工作则是直接德育，是直接对学生身心施加有益的影响。当前社会或学校对学科教师的评价往往较为功利，更看重的是学科教师的教学业绩，因此，学科教师的教育素养往往被忽略了。如何将学科教学的教育性提取出来，凸显教育与教学的有机结合是需要我们关注的。当然，学科教学水平达到一定程度或水准后，也一定要回到修养的层面。换句话说，学科教师的优劣是有明确标准的，但是班主任的优劣往往很难有明确的可量化的评价标准，这也是班主任专业化的独特之处。班主任专业化的瓶颈，就在于能否拿出一个客观

的评价标准。换言之，究竟达到哪些要求才能称为优秀班主任？这个话题值得我们深入思考。

可以说，知识取向的班主任专业化是目前学校教育或班主任研究的现状。当前很多地方举办的班主任基本功大赛，大多也是建立在知识取向上的专业竞赛。而我们更需要关注的是班主任与学科教师的不同点，更多地要在提升班主任自身修养方面下功夫。

对于班主任的角色定位，已经形成的共识是"班主任是学生的重要他人和主要精神关怀者"。对于这句话，大家可能已习以为常。在美国半年的访学经历又使我对这句话有了新的理解。钱理群教授曾提出，中国的高等教育，包括北大在内的大学培养出来的大多是一群"精致的利己主义者"，之前对这句话并没有认真思考过，认为利己主义者也许没有那么可怕，利己没关系，只要不害人就行。谁能知道，极端的利己最终不会导致害人害己呢？精致的利己主义岂止是中国大学培养出来的？我们的基础教育难道不是精致的利己主义的温床和土壤吗？

精致的利己主义者有以下三个特征：成功取向、效率优先、道德冷漠。当今社会和学校教育唯一的价值取向是成功取向，高考成绩成为社会评价学校、教师的唯一标准。基础教育领域脱颖而出的这个模式那个模式，无一不是以其升学成绩或者个人成功作为最终评判标准的。与成功取向相伴而生的是效率优先，只有高效的管理才能产生优异的成绩。中小学校普遍存在着"管理主义"取向，向管理要成绩，而最高效的管理莫过于军队。有的学校大力提供和实行的是精细化管理甚至是军事化管理，精细到课间10分钟上厕所的时间都按照班级、学号编排。

成功取向、效率优先这两个特点单独来看也许无可厚非，但是它导致的后果却是大家不愿意看到的，那就是道德的冷漠。虽然社会上提倡关爱弱势群体，但是在学校生活或班级生活中，我们同情弱者吗？提倡教育公平的地方，往往是不公平不公正的。例如，学校有重点班非重点班的划分，班级里按照成绩排座位，成绩好的学生优先选座位，成人社会的恶性竞争给孩子的内心世界带来了诸多不利的影响。比如，高中生之间出现的互相隐藏学习资料，提供错误信息等恶性竞争现象。基础教育中已埋下了精致的利己主义的种子，但是这种现象并没有引起人们的普遍关注。当来到美国，与这些中国教育的精英学生生活在一起时，我的内心产生了极大的震撼，对中国教育尤其是基础教育存在的问题有了更深的感悟，主要有三点结论。

1. 家长应作为孩子教育的第一责任人。

在美国考察期间，我对中美教师职业道德规范进行了比较研究。在美国教师专业伦理标准中，将家长视为孩子教育的第一责任人，教师只是辅助家长做好孩子的教育工作，只是作为辅助者和支持者的角色，这与我国的班主任工作现状大相径庭。作为班主任专业化的研究者和倡导者，我一直努力做的也是呼吁将家长推上学生道德教育第一责任人的角色，给班主任减负。因为比起家长，班主任的道德影响要比家长次要得多，班主任在学生成长历程中只能扮演"重要他人"的角色，真正持续影响学生道德发展的是家长。所以，需要重新定位家长的角色，呼吁家长承担起教育第一责任人的角色。

2. 班主任应把做人的教育放在第一位。

在当今这样一个考试化社会中，片面追求升学率以及由此导致的人才培养质量问题，已不仅是学校教育的问题，而是一个严重的社会问题。正是在这样的社会背景下，班主任专业化的特殊性，班主任作为学生生命成长主要精神关怀者角色的重要性才凸显出来，即要把做人的教育放在第一位。学科教师仅仅关注学生学习甚至是仅仅关注考试成绩也许无可厚非，但是班主任对学生的关注理应更加全面，在对学生的关注中，尤其要把做人的教育放在第一位。做人的教育不是一句空话，而应具体体现在班级生活的方方面面。

3. 修养比知识更重要。

在美国教师专业伦理标准中，学生是学习的主体，家长是德育第一责任人，教师解放自己，也解放学生。所以，我们在重新定位家长角色的同时也要重新定位学生的角色和教师的角色，应当明确教师在学校教育中究竟该做什么和能做什么。很显然，教师作为一个辅助者比决断者更加合适，那么，如何做好辅助者的角色就成为重中之重。作为辅助者的教师，不再是决定学生命运的主宰者,而是通过人格魅力和身体力行影响学生。对于担当辅助者角色的教师来说,教师的修养比知识水平更加重要。

二、教师专业与班主任专业

中国的班主任教师大多身兼两个专业,一是学科专业,二是班主任专业。虽然,大多数教师参加过学科教研活动,却鲜有参与过班主任教研活动的,这就说明班主任群体还未形成专业认同。与此相对应的制度设计方面,学科专业有职称评定,而班主任并没有职称评定。班主任要成为一门专业,必然要经历从专业认同、专业自主到专业自觉的阶段,而班主任专业化还没有达到专业认同的阶段。如前所述,专业化发展到一定程度会出现专业标准,也已经有研究者开始着手研究班主任的专业标准。班主任专业标准的制定可以参照教师专业标准的类型,如因其适用对象和范围的不同,教师专业标准分为通用教师专业标准与具体教师专业标准两类;根据教师所处专业生涯阶段的不同,划分为毕业生标准、新教师专业标准、经验教师专业标准、专家教师专业标准等;根据教师从事教育的学段和学校,划分为幼儿园、小学教师、中学教师、职业学校教师、国际学校教师专业标准等。在此基础上,我们来探讨以下几个问题。

1. 班主任在何种意义上会成为一个专业?

班主任成为一个专业绝不是专门设立一个单独的班主任岗位,中小学班主任与大学辅导员是有着很大区别的。现在,班主任培训也开始分门别类实施,比如初任班主任培训、卓越班主任培训,幼儿园班主任、小学班主任、中学班主任培训等。但是这并不构成专业标准,班主任尚未成为一门专业。

2. 一个专业的班主任需要怎样的成长规划?

如果班主任成为一门专业,那么就需要一定的规划。众所周知,学科专业的延续性较好,因为学科教师往往一辈子都会任教一门学科。然而,班主任工作往往只是教师职业生涯的一段历程,并非贯穿始终。班主任专业相比于学科专业，其稳定性较差，因为多数教师做班主任只是为了评职称，评完职称就抛在一边。所以，班主任领域缺少必要的研究积累，来自一线班主任的研究成果不多。

3. 成为一名优秀班主任须具备哪些条件？

具备怎样的标准才能成为一名优秀班主任？对这个问题，不同的人有不同的答案。除了外在标准外，基于班主任独特的人生经历和生命体验形成的个人修养、教育信念以及独特的带班风格，是难以用客观标准来衡量的。但是有一点可以肯定，班主任的专业化水平与担任班主任的时间没有直接关系。我们发现，很多有天赋的年轻教师带班并不比老教师差，他们有更多的时间、更多的耐心与更灵活的班级管理方式，现实中很多班级管理的创新之举是由年轻教师提出并付诸实践的。这也是班主任专业化与学科专业化的一个区别。

三、班主任的专业化成长

整体来说，班主任专业成长的过程是从自发到自觉、从感性到理性、从经验到专业（包括专业的态度、专业的眼光、专业的精神）的过程。接下来，我们从班主任专业化的内涵入手，探讨班主任的专业化成长。

班主任专业化是"以教师专业化为基础，以专业的观念和要求对班主任进行选择、培养、培训、管理和使用的过程"。这一概念本身还停留在外在诉求的基础上，而真正的专业化应该成为班主任的自我诉求。目前国内对班主任专业化内容的论述，大多停留在知识维度，大致包括班主任的角色内涵和班主任的特殊操作系统两方面。

无论是班主任的角色内涵，还是班主任的特殊操作系统，都不是仅仅依靠知识积累能实现的，更多的是建立在班主任的综合素养或人格魅力基础之上的。换句话说，专业化对班主任提出的要求，更多地应体现在修养层面，如班主任的职业素质和教育机智等。其中，班主任的职业素质主要包括：具备广博的知识和多方面的兴趣爱好、良好的组织管理能力和协调交往能力；良好的情感素质；良好的人格素质；良好的心理素质等。其中，反思对于班主任的专业成长尤为重要。所谓反思，就是把自己作为研究的对象，研究自己的教育理念和实践，反省自己的教育实践、教育观念、教育行为及教育效果，以便对自己的教育观念进行及时调整。反思可以提升班主任的教育品质。班主任反思的基本途径有：基于日常工作的反思、基于研究的反思、阅读、与同行交流对话、参加班主任培训等。

总之，成为一名专业的班主任，需要班主任教师持续不断地努力。从新手班主任成长为一名优秀班主任，从班主任的应知、应会、应能到形成自己的班级教育风格，也是班主任自我修炼以及与学生共同成长的过程。

19. 教育反思促进班主任专业化成长

专业化是社会文明与进步的表现，是社会发展的必然趋势和重要标志。班主任专业化是近年来国家对班主任工作提出的新要求，同时也体现了国家对班主任工作的重视。2006年6月，教育部颁布了《关于进一步加强中小学班主任工作的意见》，第一次明确指出："班主任岗位是具有较高素质和人格要求的重要专业性岗位，做班主任和授课一样都是中小学的主业，班主任队伍建设与任课教师队伍建设同等重要。"班主任专业化不仅需要外部制度的确立，而且在更深层面上需要广大班主任自身不断地成长，反思则是班主任专业化成长的必由之路。反思，是一种时刻保持的对自身、外部世界的审视，学习和反思是一个并进的路程，新时代的班主任需要在反思中走向专业化的成长之路。

一、反思班主任工作的专业性

所谓专业，是在社会分工和职业分化中形成的，是指一群人经过专门教育或训练，掌握较高深和独特的专门知识和技术，按照一定的专业标准进行的活动，通过这种活动解决人生和社会问题，促进社会进步并获得相应的报酬待遇和社会地位。专业化是指一门职业经过一段时间后不断成熟，逐渐获得鲜明的专业标准，并获得相应的专业地位的过程。那么，班主任工作的专业化究竟体现在哪里？班主任和一般科任教师虽然面对同一学生群体，但是他们的工作要求不同，而这正是班主任专业化特殊性的本源所在。虽然学界一直呼吁班主任专业化，但是目前关于班主任专业化的研究一直归于教师专业化之下，认为"班主任专业化是一种特殊类型的教师专业化"。我们必须看到，班主任的专业角色与教师的专业角色是不同的，大多数班主任不仅需要和其他科任教师一样承担教学工作，还要对他所辖班级学生的学习、工作、生活以及学生素质、班集体的形成和发展承担责任。他们虽然面对同一学生群体，同样都需要把握学生的生理和心理成长动态，对其进行正确的引导，但侧重点是不同的。一般科任教师的专业准备是针对自己的学科教学任务，结合所教学生不同年龄阶段的生理和心理发展特点，运用教育学和心理学理论努力使自己的教学工作达到效果最优化。从专业的角度来说，他们只需对自己的课程及本门课程学生的掌握程度负责。而班主任的专业准备与一般科任教师具有显著的不同。专业化后的班主任工作主要体现在对班级组织管理、班级文化建设、学生个体成长、学生群体的引领与协调等方面。班主任不仅需要关注学生个体的发展，还需要关注学生群体的成长，所以其专业准备更多地需要从组织管理学、人际关系理论、心理学、教育学、学校社会学等方面着手。另外，班主任在个性特点上必须要有爱心、有耐心，而这些需要用专业人格特性测试来检测证明。

　　班主任专业化的趋势，需要用班主任资格认证才能从制度上保证其专业性质。职业资格认证制度是国家对各行各业从业人员规定的职业准入制度，要求从业人员经过严格系统的教育和培训，获得胜任工作的特殊知识和技能，获得职业资格证书以取得从业资格的一种职业管理制度。目前，全国各地区据此制定了一些原则性要求，如班主任资格基准、基本职责等，但其科学性、规范性较差，要求太低。这种"低门槛"的资格准入制度，不仅降低了班主任的社会地位，也影响到班主任整体素质的提高。国家需要制定一个统一而规范的班主任岗位标准和要求，其内容应在教师职业标准的基础上，增加责任感、事业心、人际交往、心理沟通能力、组织管理能力、岗位培训及合格证书等项目。据报道，天津将在全国率先试行班主任资格证书制度。天津市教委规定，教师担任班主任需要持证上岗，同时将实行见习班主任制度，鼓励青年教师担任班主任。上海中小学班主任也将持证上岗。目前，上海市中小学所有新上岗班主任都已接受统一的岗前培训，今后还要逐步试行班主任持证上岗制度，改变过去的"班主任工作只是副业，兼一兼，代一代就行"的传统观念。

二、反思促进班主任的专业成长

（一）反思的内涵

所谓反思，就是班主任把自己作为研究的对象，研究、反省自己的教育实践、教育观念、教育行为及教育效果，以便对自己的教育观念进行及时的调整。或者说，所谓反思是指班主任在自己的教育实践过程中，批判性地考察自己的行为，通过回顾、诊断、自我监控等方式，或给予肯定、支持与强化，或给予否定、思索与修正，从而不断提高其效能。

第一，反思的目的是超越性的。反思源于对现实和自我的不满，其目的是要改变现状，超越自我，使一切朝着自己希望的、更好的方向发展。很多优秀班主任就是在这种反思中不断超越自我，成为一代名师的。

第二，反思的态度是批判性的。批判性的态度首先意味着要对反思对象进行客观、理性的分析，把握问题实质，以求有一个全面而深刻的认识。

第三，反思的结果是建设性的。反思的目的在于超越，在于改进，这决定了反思虽然持批判立场，但是其结果往往是建设性的。这种建设性主要体现在两个方面：一是引发深入思考，二是付诸改进行动。

（二）在专业化成长中班主任需要反思的内容

反思在班主任专业化过程中具有重要意义。在以"应试教育"为主导的教育模式下，学校教育一切向分数看齐，评价一个教师的专业水平往往以他所带班级的成绩为硬指标，而学生身心的和谐发展、班集体的建设等往往是被忽视的，班主任工作的专业化得不到重视。在班主任专业化进程下，班主任如何才能促进自己的专业成长呢？反思是专业化的首要条件，是从自己已经具备的观念和行为走向想要达成的目标的必由之路，是对自身和外部世界的审视，学习和反思是一个并进的过程，只有在反思过程中，班主任才能实现自身的专业成长。首先，班主任需要反思班主任工作的专业化体现在哪里；把握住这个方向性原则后，班主任还需要反思如何才能做好这些具体工作。其次，在这个阶段，班主任需要反思自己的工作目标与实际效果之间的差距，并不断加以改善。最后，班主任需要反思在专业化理念转变为专业化行为的过程中，自身获得了怎样的提升。反思是一种时刻保持的状态，在这样的状态下，班主任才能得到专业成长和进步。

班主任反思的内容十分广泛，大致可分为观念反思、角色反思、言行反思和方法反思。

第一，观念反思。是指班主任要反思自己的教育观念及教育行为，牢固树立素质教育观，既应考虑培养满足社会需要的人才，更应考虑如何更好地实现人性的发展和完善，扎实推进素质教育，使学生的主体地位得以实现，身心及个性得到健康发展，成为知识的主动建构者以及社会主义建设的创新型人才。

第二，角色反思。班主任担当的角色呈现出多样化趋势，现代班主任不仅是知识的传授者，而且是道德的引导者，思想的启迪者，心灵世界的开拓者，情感、意志、信念的塑造者和学生精神的关怀者。现代意义上的班主任，要把自己当作一个知识和思想的助产士，以尊重与平等的心态去面对学生，宽容、理解他们，给予积极的心理支持，同时不断总结自身教育实践中的优劣得失，完善自身，提升班主任职业的生命内涵。

第三，言行反思。班主任的世界观与言行深深影响着全体学生。"染于苍则苍，染于黄则黄"，班主任应给学生树立一个良好的榜样，以自己良好的言行、高尚的人格来教育和塑造学生的人格形象。

第四，方法反思。在具体教育实践中，班主任要大力营造班级学习情境，创设学生学习生活的良好氛围，形成正确的舆论导向；坚持激励赏识教育，让每位学生都能看到自己的闪光点，感受到自己被关注，享受到成功的喜悦；坚持正面教育为主，宽容理解学生，但又要善于对学生的错误言行进行及时的正确引导，绝不姑息迁就；坚持集体教育和个别教育相结合，学校教育和家庭教育相协调，因材施教，正视差异，发展个性。

（三）班主任走向专业化的反思途径

大多数班主任和教师有不断发展的良好愿景，但很多只停留在教育过程中一些事件的重复，没有从表象的经验上升到理论修养水平，而真正意义上的教育反思是一个由实践到反思到研究再到实践的循环推进过程。反思是一个永无止境的进程，不仅仅是针对某一个问题而是一项整体的活动，将实践与反思结合起来，反思自己的教学方式、知识素养、人际沟通交往能力、对学生是否了解、人格魅力、思维水平及教育教学能力，并在反思中得到专业成长。

结合班主任的工作实践，班主任反思的基本途径有两种：基于日常工作的反思、基于研究的反思。

1.在日常工作中反思。

班主任工作是一项实践性很强的工作。班主任要想提高自己的工作水平和工作效果，必须在日常工作中及时进行反思。班主任的工作千头万绪，班级里每天发生的事情都是班主任反思的对象，在这些工作中，蕴含了丰富的反思资源，班主任应在第一时间进行反思，因为事情刚刚发生，细节历历在目，此时反思有利于全面把握事情的经过，清晰梳理其中的功过得失。但是，趁热打铁式的反思有时会有"不识庐山真面目，只缘身在此山中"的不足，因此，班主任应在不同时间、从不同角度、以不同角色对实践进行反思，以求得反思的全面客观。

2. 在研究中反思。

20世纪70年代中期，斯滕豪斯提出"教师即研究者"的观念，对班主任专业化发展具有指导意义。提到研究，许多班主任就会有畏难情绪，觉得研究是专家的事情，自己难以胜任。其实，这是对研究的误解。研究不一定要以建构一套系统的理论体系为目标，不一定要以纯理性思考的方式进行，它可以是对一个教育案例客观而深入地剖析，对一种教育现象冷静而理性地反思，也可以是对一条教育原则独辟蹊径地诘问……总而言之，在班主任工作中，研究的时机处处都有，反思的方式多种多样。

随着教育科研的发展，不仅专门的教育理论工作者从事教育写作，很多一线教育工作者也参与到教育写作的队伍中，越来越多的学校对班主任和科任教师都有一定的科研要求，并将其作为教师工作业绩的一项指标，从制度上规定了教科研的任务。与此同时，教育写作的形态逐渐多样化，教育日志正在成为一种主要的教育科研方式。班主任将每天工作中遇到的问题和困惑记录下来并进行反思，在反思中寻找解决问题的出路，探寻建构具有自身特色的教育方式方法，促使自身的专业素养不断提升。另外，互联网的普及使得学生与教师的沟通变得迅速而有效，师生共建教育博客，在网络中分享彼此的心路历程，使班主任能够了解在同一事件中师生的不同体会，反思其成因及现状，也会促进班主任教育理论和实践水平的提高。近几年的实践表明，博客特别适合班主任结合自己的工作撰写教育生活中的故事。首先，博客的技术性门槛低，只需要简单操作就可以进行信息发布，具有很好的普及性。其次，班主任可以在任何时间、任何地点发表个人故事，可以把自己的灵感记录下来，博客成为一个很好地保存和整理教育叙事的场所。第三，博客形成了各种新的学习组织，各种班级、社区、学校博客圈的兴起，实现了知识共享、经验共享、经历共享，突破了个人的小圈子，打破地域和时间的限制。通过博客，班主任可以与全世界的同行进行交流，实现智慧共享，得到更大范围的交流与回馈。

20. 班主任专业化的理论支持系统
——班主任的"理论"从何而来*

班主任不仅是班级的组织者和管理者,更是学生的"精神关怀者"、影响学生发展的"重要他人"。班主任实现自我专业发展,既是班主任专业化发展的要求,也是促进学生全面、健康、和谐、有个性发展的要求。在与班主任的接触过程中,我们发现,很多班主任虽然学习了教育学、心理学等理论知识,但还是做不好班主任工作。那么,在真实的教育世界里,指导班主任行动的"理论"是从哪里来的?

一、班主任的"理论"是什么

班主任眼中的"理论",是什么样子的?对此,我们发起了第63期"随园夜话"班主任沙龙活动,围绕"班主任专业化发展的理论支持系统"这一核心话题展开研讨。在沙龙研讨中,一些班主任认为哲学、教育学、心理学、管理学、社会学等宏观理论是班主任的"理论",也有班主任认为班级管理策略、班主任沟通理论、学生事务管理理论等操作性理论是班主任的"理论",还有班主任把体验、实践、习惯等看作班主任的"理论"。

---

*本文系江苏省教育科学"十二五"规划重点资助课题"班主任专业化的社会支持系统构建"(课题批准号:B-a/2015/01/013)的研究成果之一。

在《现代汉语大词典·下册》中,"理论"有三种含义:一是据理争论,讲理;二是道理,理由;三是指系统的理性认识,是由观点、立论、推断等组成的学说、知识体系。在哲学领域中,理论是人们在实践中借助一系列概念、判断、推理表达出来的关于事物的本质及其规律性的知识体系,是系统化的理性认识,包括概念、原理、学说、假说等形式。叶澜教授认为,"理论在现实中有两种不同的存在形态,一种为群体所共有的普遍形态,它脱离于产生理论的主体,以文字、各种符号形式存在;一种为个人或部分特殊群体所拥有的私我和局部形态,其中包括个体因学习而内化的个人理论,还包括尚未完全脱离产生理论主体的,以言说和一定范围内的共同经验的存在形态"[1]。因此,从这一点上来说,班主任的"理论"可以分为两个方面:一是教育理论工作者的理论,即教育专家研究出来的班主任应当遵循的理论,这类理论以文字等形式存在;二是班主任个人的"理论",即产生于教育实践,并在教育过程中实际运用的理论。

其实,"理论"不是高高在上、遥不可及的,并不是只有教育专家提出的理论才是理论,班主任也可以有自己的"理论"。在我们看来,班主任的"理论"就是班主任在教育实践过程中通过行动、反思和提炼形成的,并在实际教育教学过程中真正使用的理论,是班主任自身对教育教学的认识。它既来源于教育实践,又服务于教育实践。可以说,班主任的"理论"产生于教育实践过程,并与班主任的工作、生活和学习息息相关,是对教育经验的总结和概括。

二、班主任的"理论"从何而来

班主任"理论"的来源是多方面的,体现在班主任教育实践活动的方方面面。它既来自班主任个人经验的积累、领悟,同行之间的模仿、交流和合作,又来自对理论性知识的学习、理解、运用和扩展。本文结合"随园夜话"班主任沙龙中教师对此话题的研讨以及优秀班主任的成长经历,探讨班主任"理论"的来源。

（一）工作中的自我摸索

班主任的工作复杂而烦琐，他们不仅要做好教学工作，更要承担起班级管理和学生育人工作。尽管大部分教师在大学期间学习了教材教法、教育学、心理学、管理学等相关知识，但是当他们真正成为一名教师之后，却很难把这些知识直接运用到自己的教育教学过程中。正如一位班主任所说："上了这么多年的学，读了许多国内、国外的书，但是班主任工作中的经验、方法不是来源于这些方面，而是来源于自己，来源于自己在工作中的摸索。"①

对于刚走上工作岗位的新任班主任来说，他们心中往往充满迷茫，不知道如何处理与学生、家长、科任教师的关系，不知道如何管理、建设自己的班级。他们的教育理念、观念、经验、方法等，最直接地来自他们在班主任工作中的自我摸索。班主任的教育对象是"未成年人"，由于教育对象的特殊性和复杂性，班主任很难找到一种一成不变的方法。他们需要在日常学习和生活中一点点摸索，慢慢地总结出一些经验，找到适合自己的带班育人方法并不断改进。直接经验的积累是班主任"理论"最直接的来源。班主任通过在工作中反复摸索，一点一点地积累经验，并通过体悟逐渐内化成适合自己的"理论"。

（二）前辈传授和同伴互助

班主任的"理论"既来自班主任个人经验的积累，又来自班主任之间的相互学习、交流和合作。

1. 前辈传授。

在工作中自我摸索，在教学过程中逐渐总结经验，不仅过程漫长而且效果不明显。对于年轻班主任来说，他们身边的前辈班主任由于工作时间较

---

① 一位班主任在2016年6月3日第63期"随园夜话"班主任沙龙研讨中的发言。

长,在长期的教育教学实践过程中积累了一定的经验和方法,形成了一套属于自己的"理论"。因此,向身边的老教师请教,学习如何做一位好的班主任,也是班主任"理论"的重要来源。

但是,我们常常发现这样一种现象:当你向一位已经担任班主任 3~5 年的教师请教问题时,他都能快速地告诉你一个结论性的答案,似乎任何有关班级教育和班级管理方面的问题,他们都能够解决。但是,当你向一位担任班主任超过 10 年时间的教师请教问题时,他大多会说事情比你想象得要复杂,一定要冷静思考,在全面了解情况之后再去解决问题。因此,并不是所有"过来人"的经验都是值得学习的,学习老班主任的经验需要以一种谨慎的态度,"择其善者而从之,其不善者而改之"。

2. 同伴互助。

在学校里,班主任教师之间经常会进行交流和探讨,这是班主任教育、教学经验的来源之一。这里的同伴互助,既包括班主任与班主任之间,又包括班主任与科任教师之间的互相帮助。与其说是一种帮助,不如说是教师之间的相互交流、学习和合作。一些无法解决的班级问题,可能经过与其他班主任的探讨,就能够得出一个相对更加切实可行的方法。班主任教师之间的同伴互助,可以帮助班主任形成不同的教育理念、教育模式、教育方法等,以弥补个人自身的局限性,实现教育资源的共享。

从本质上讲,不管是前辈传授还是同伴互助,班主任都是以"他人经验"来指导自己的教育、教学实践活动。

(三)向优秀班主任学习

向优秀班主任学习,是班主任自我发展的一个重要途径,也是班主任"理论"的来源之一。那么,什么样的班主任可以称得上是优秀班主任呢?优秀班主任是在长期从事班主任工作的实践中锻炼成的,具有教育智慧和人格魅力的班主任,他们的教育理念、实践经验一般经得起时间的考验。因此,优秀班主任往往成为班主任们模仿和学习的对象。

我开始寻求出路，加入了学习魏书生老师的热潮中。我不仅将魏老师的班规班纪全盘复制到班级中，还将魏老师的"道德长跑""写说明书"等统统移植到班级管理中。这些制度的运用，确实在某种程度上提升了班级管理的质量……一时间，我们班成了各班争相学习的榜样班级。

然而，表面的风光却无法止住我的担忧……说到底，我所谓的学习魏书生，不过是学了点儿皮毛，求了个形似，照搬照抄了他表面上的条条框框。而对于他深邃透彻的思想理念、圆融智慧的教育哲学，则半点儿没学来。更让我苦闷的是，虽然我知道了问题所在，却没有能力去解决。

……①

案例中的这位班主任教师对于优秀班主任的学习，经历了简单模仿、理念学习、反思成长这几个阶段。他最初的简单模仿、直接套用，正是现在大多数年轻班主任采用的学习方法。由于缺乏专业性知识和教育教学经验，现在大多数年轻班主任单纯地认为班主任工作仅仅是一种事务性工作、操作性工作、技能性工作，毫无理论可言。因此，他们的模仿只是生搬硬套优秀班主任在教育管理方面的具体做法，只求"形似"，不求"神似"。由于教育对象的特殊、教育情境的复杂、教育方法的多变，不可能每个学生、每个班级都适用同一套理论和方法。如果班主任套用的方法刚好适合自己的学生和班级，那么在短期内，可能会达到意想不到的效果；如果班主任"复制"的方法与自己班级的情况不相符，反而会出现一些问题。

因此，向优秀班主任"模仿"也是一门艺术。第一，向优秀班主任学习，不能"全盘复制""机械移植"他们的方法，要根据学生和班级状况加以选择、运用，"取其精华"；也可以根据实际情况加以改变，从而发掘适合自己学生和班级的方法。第二，在学习优秀班主任经验的同时，不能只求"形似"，要深入理解他们的思想理念，不仅要知其然，更要知其所以然。如

---

① 案例来源于王晓波《把梦想变成一生坚守》，载于2013年第6期《班主任》，内容有删减。

果条件允许的话，可以与优秀班主任进行交流与讨论，实现从单方面的学习向双方的互动交流转变，在思维碰撞的过程中不断促进自己对知识、经验的内化。第三，学习他们超越自我的精神，不断学习，积极反思。总的来说，向优秀班主任学习要从学习操作性技能向学习教育理念转变，深入挖掘他们思想深处的内涵。

（四）不断学习理论知识

"班主任首先是一个教师，是一个知识的传播者和知识学习的引导者，没有基本的教育知识、精深的专业知识、广博的文化知识，很难得到学生的认同，从而成为学生的重要他人。同时，班主任工作面广量大，繁杂多样，涉及学生学习、生活的方方面面，如果没有渊博的学识，很难做好班主任工作。"[2]目前，许多班主任认为具体的方法策略比理论知识更重要，重视教育方法多于理论知识。但是，不管是可以言说的还是缄默的，班主任教育方法的背后总会有理论知识的支撑。知识在无形中影响着班主任的教育行动。因此，知识的学习是班主任的"理论"形成的重要前提。

1. 阅读。

苏霍姆林斯基曾说："读书，读书，再读书——教师的教育素养取决于此。"理论性知识作为一种外显性知识，通常以文字形式呈现在书籍、报刊上。书中的专业知识、经典案例，无疑都是班主任获得"理论"的重要资源。

一位优秀的班主任必然是热爱读书的。读书可以使他们学到教育中的理论和方法，并经过自己在实践中的运用，转化成适合自己的经验体系。正如沙龙中的一位优秀班主任所说："我是从书本上获得了相关的理论知识。在担任班主任期间，我认真、仔细且系统地看了好多本书，并试着将学到的知识运用到教学和班级管理中，运用之后，这些知识就成了我自己的了。"① 可以说，阅读专业书籍是一名班主任教育思想和理论形成的基础。

---

① 一位班主任在2016年6月3日第63期"随园夜话"班主任沙龙研讨中的发言。

有调查研究发现,在阅读数量上,中学班主任在书籍阅读、杂志阅读、报纸阅读、网络阅读四种形式上分别达到每年约 6 本书、每月约 3 本杂志、每周约 4 份报纸、每周上网约 6 小时,显示了一定的阅读量。[3] 这说明班主任自身已经意识到阅读的重要性,并在日常生活中积极主动地进行阅读。

2. 参加班主任培训与沙龙活动。

教育理论工作者的理论大多会通过班主任培训传递给一线班主任。随着班主任专业化的发展,班主任培训活动不断增加。这些培训一般会邀请一些班主任研究方面的专家、优秀班主任等与参训人员对话、交流。班主任教师在与专家的对话、交流中,获得经验、方法。

一位班主任在交流中说道:"我获得经验的渠道之一是参加交流培训。来到南京江宁之后,我接触到了很多的高级班主任培训。在培训中,我能够跟着专家一起学习,学习他们的理念,学习优秀班主任的带班之道和育人之道。"①

在一些地区和学校,中小学班主任会举办一些班主任沙龙活动。班主任沙龙作为一个班主任同行对话、交流的平台,是班主任"理论"的又一来源。在沙龙活动中,不管是经验丰富的老班主任,还是刚走上班主任岗位的年轻班主任,都在这里平等地分享着来自教育实践过程中的实践经验。通过一个个真实而又鲜活的案例,大家各抒己见,针对不同问题提出不同的见解,集思广益,以期更好地提升自我、发展自我、完善自我。

学生的培养与发展,班级的建设与管理,都离不开班主任的渊博知识。在学习型社会的大背景下,班主任需要不断学习,不断丰富自我、发展自我。

三、"理论"对于班主任,到底意味着什么

在"随园夜话"班主任沙龙研讨中,一位班主任分享了这样一个故事:

---

① 一位班主任在 2016 年 6 月 3 日第 63 期"随园夜话"班主任沙龙研讨中的发言。

我们班有一个学生和同伴闹矛盾，跑到办公室里让我给他调座位（以下跪的姿势）。这种做法让我很不理解，但也不可能让这个学生调换座位，因为这对学生的成长没什么帮助。他不太懂得和别人沟通，我当时的想法是想让他学会如何与他人交往。通过慢慢地聊，这位学生逐渐冷静下来。后来，我和学生达成协议，让他暂时换一下座位。因为这个学生来自单亲家庭，观念上有一些缺失，需要得到关注。在一次话剧活动中，我特地为这个学生量身定制一个角色，之后他有了一定的转折，一些极端的事情就再也没有发生了。因此，在学生出现问题时，可以用一些恰当的手段引导学生，而不是一味地训斥或者迁就学生。[1]

这位班主任耐心地与学生沟通，以了解具体情况，并通过聊天缓解他的激动情绪。此外，根据学生来自单亲家庭这一特殊情况，了解到他需要被关注，特地为他选定了一个适合的角色，试着去改变他的极端性格，以提高他的人际沟通和交往能力。从这个小故事中可以看出，这位班主任冷静、沉稳，能够站在学生的立场上考虑问题，有着自己的管理方式和方法，遇到问题能够及时处理，并能很好地引导学生向正确的方向发展。虽然这个班主任的处理方法看似没有高深、直白的理论，但却深深地透露着班主任的教育智慧。

对于班主任而言，"理论"不仅仅来源于书面知识，更多地来源于个人实践。它源于实践又高于实践，是班主任对个人实践经验的总结、提炼和升华。总的来说，班主任的"理论"是专业知识、教育实践、他人教育经验以及自我反思的智慧成果，是属于自己的一套话语体系，体现着自己的教育理念和方法。它能够正确地指导班主任的教育实践活动，又能不断促进班主任的自我发展。同时，"理论"是其思想、人格、精神、魅力的体现，它能激励班主任进行自主学习，积极反思，不断超越自我。

---

[1] 一位班主任在2016年6月3日第63期"随园夜话"班主任沙龙研讨中的发言。

由于班主任的教育对象是一个个鲜活的个体生命，因此，班主任的工作充满了复杂性和不确定性。学术界已经研究出的一些所谓的教育理论和教育方法，并不能完全有效地指导复杂多变的教育实践活动。目前，教育界存在着这样一种局面：一方面，教育理论工作者提出的理论脱离教育活动实际，这些理论与教育实践者（班主任）所需要的存在差距；另一方面，教育实践者（班主任）在教育、教学过程中获得的教育、教学经验得不到传承。要解决目前这种尴尬的局面，对班主任的"理论"进行研究，至关重要。

班主任的"理论"，不仅影响着班主任对专业知识的学习和运用，而且支配着班主任的教育教学行为。同时，班主任的"理论"也是班主任教育学生、管理班级的重要保障。研究班主任的"理论"，能够将指导班主任活动的教育理念和方法更好地记录、保存下来，为今后班主任工作提供指导。此外，虽然班主任专业化得到了一定的发展，但是他们独特的实践性知识却得不到理论界和学术界的认可，"教师的知识和技能常被视为一种'经验'，'上不了学术的台面'"[4]。由于班主任的"理论"更多地来源于教育实践，因此，研究班主任的"理论"能够使班主任的实践性知识进一步地得到学术界的充分认可，从而促进班主任专业化发展。

参考文献：

[1] 叶澜.思维在断裂处穿行——教育理论与教育实践关系的再寻找[J].中国教育学刊，2001(4).

[2] 齐学红，黄正平.班主任专业基本功[M].南京：南京师范大学出版社，2014.

[3] 王俊山，卢家楣，刘利平.上海市中学班主任阅读现状的调查研究[J].上海教育科研，2014(7).

[4] 陈向明，等.搭建实践与理论之桥——教师实践性知识研究[M].北京：教育科学出版社，2011.

第三辑

班主任的实践智慧

21. 同伴互助与班主任的职业幸福感

2010年7月底，由南京师范大学教育科学学院班主任研究中心、《班主任》杂志社、江苏省教育学会班主任专业委员会联合发起，在江阴华士实验学校举办了"首届中小学班主任高层论坛"。此次论坛的主题为"班主任的职业幸福感"，旨在说明仅仅依靠班主任物质待遇的提高和外部社会环境的改善，仍然不能解决相当一部分人不热爱、不喜欢班主任工作，不愿意从事这项工作的内在动因问题。探寻班主任职业幸福感的内涵以及获得的途径和方法，引领班主任对于自身职业的热爱，是此次论坛的主要目的。本文尝试从班主任团队合作、同伴互助的角度，探索班主任职业幸福感的源泉。

一、班主任的幸福观

幸福观关涉人生的意义和价值，是一个哲学命题。幸福感是一种主观的感受和体验，难以用一个外在的客观标准来衡量，如工资待遇、各种物质的精神的奖励等。例如，班主任津贴提高到什么标准，生活质量提高到何种水平，班主任得到多少名誉、荣誉，才能获得幸福感呢？无疑，班主任的幸福感，不能与上述标准画等号。

（一）人生幸福、教师幸福与班主任幸福的关系

班主任幸福主要包括三方面的内容：人生幸福、教师幸福与班主任幸福。

所谓人生幸福，是指班主任作为一个人的幸福，作为一个社会关系系统中的成员，班主任在与自己的家庭成员、周围人的相处中获得的幸福体验；教师幸福，是一种职业幸福，源于教师职业特有的幸福，即每一个教师（包括班主任）从教书育人活动中收获的特有的幸福体验；班主任幸福，即区别于非班主任的教师幸福，主要体现在班主任的专业性中，具体表现在班主任的角色内涵与班主任的工作内容中。三者之间的关系是，班主任幸福不等同于教师幸福，而是拥有更加丰富的内涵。它涵盖了人生幸福与教师幸福，兼具人性的美和教师职业的美，是一个充满着人性光辉的职业。在人生幸福与职业幸福之间，我更加看重的是人生幸福。

这里，就以大家都非常熟悉、十分尊敬的班华教授为例，分析一下我眼里的班老师的人生幸福与幸福人生。我眼里的班老师是一个我可以随时打电话求助的人，一个给人以安全感、幸福感的人，一个可以开玩笑的长者，一个拥有童心的智慧的人，一个平易近人的人，一个人生幸福高于职业幸福的人，一个充满着人格魅力的人。

（二）班主任幸福的若干命题

周国平曾说过，幸福是关乎道德的事，与人的灵魂有关。尤其是在今天这样一个物质生活不断丰富、人的精神世界变得日渐苍白、普遍缺乏幸福感的时代，探讨班主任的职业幸福显得尤为重要。20 世纪 80 年代潘晓提出的"人生的路为什么越走越窄"的追问，仿佛就发生在今天，包括她提出的"主观为自己，客观为别人"的价值观，仍然在拷问着今人。或者说，这是一个价值缺失的时代。

那么，究竟什么是幸福呢？这是一个见仁见智的问题，每个人都有不同

的理解。对于班主任幸福的理解，大致有以下三种不同的观点，或者说，大致可以从三个方面、三个角度来理解。

1. 过程观。

这种观点认为幸福不是一帆风顺，心想事成；幸福是一个持续不断的追求过程，幸福的体验往往是片段的，时断时续；幸福与人的生活阅历有关，人生不同阶段各有不同的幸福。

南京市建邺高中的袁子意老师将班主任幸福归纳为三重境界：功利心、功名心、公德心。班主任的幸福应该超越功利心、功名心，追求一种更加远大的境界。班主任专业化理论的探索者黄正平提出，班主任幸福的三重境界是从职业到事业，再到专业。幸福教育论的提出者刘次林教授指出，幸福是我们一同走过。班华教授提出，辛苦即幸福，幸福即辛苦。班主任幸福是"痛并快乐着"。

2. 成长观。

这种观点认为幸福是一种成长，成长即幸福。这里的成长既包括教师自我的成长（不断学习，不断反思），更包括学生的成长；既包括班主任的个体成长，更包括群体成长。班主任幸福应该是放大了的"我"，是一个超越了个体幸福，不断放大、扩大个体的幸福体验，进而成为一种群体性情感，即幸福在于不断地分享个体的智慧和情感。班主任幸福应该从班主任个体走向班主任群体，进而影响到全体教师，让班主任职业成为人人羡慕、乐于从事的一项事业。

班主任职业幸福的特殊性表现在，作为学生生命历程的重要他人，他可以见证并亲历一个个年轻生命的成长，在学生的成长进步中收获幸福。如果说每个人只有一个人生，那么，班主任可以经历若干个人生，就像演员饰演各不相同的角色，即体验各不相同的人生一样。因为每个孩子都是一本书，都需要我们用一生来阅读、品味。

3. 情感观。

幸福是一种情绪情感体验，带有很大的主观色彩，正如刘次林教授所说，它不是一种单一的情感（快乐、愉悦），而是酸甜苦辣咸，五味俱全。扬州大学附属中学的鲁东海老师提出：班主任应酿造幸福，幸福就像一杯酒，各有不同的滋味。幸福感的获得就是不断唤醒过去生活的幸福体验。幸福感不完全来自当下，而是存在于过去的美好记忆中。幸福感往往是边界模糊的，人类在追求真善美过程中的任何体验都与幸福相通。因此，一个人的人生经历、体验越丰富，他对幸福的理解与认识也越深刻。

二、班主任职业幸福的关键词

关于职业幸福的关键词，在班主任的笔下，常常用以下词语来表达：爱心、付出、心态、坚守等。幸福与否，与班主任的心态紧密相关，班主任要有一颗平常心，能够超越功利心、功名心。超越了功利心、功名心之后的班主任与学生之间的关系，就会多一份普通人的情感，如班主任对学生的牵挂、尊重、理解和陪伴。南京市行知学校杨瑞清校长提出教师要有"花苞心态"，教育是慢的艺术，因为它关乎人一生的成长和变化。

而很多班主任感觉不幸福或缺少幸福感的原因，大致包括三个方面：

首先是较大的工作量和社会责任、社会压力，主要是社会原因。黄正平教授归纳了班主任的"三无状态"：职责无边界，专业发展无阶梯，职业无生涯。尤其是在责权关系方面，班主任几乎没有自己的私人空间，无形的工作压力和精神负担是许多人不愿从事班主任工作的主要原因。其次是学生、家长的不理解、不配合，这可能要从班主任自身找原因，可能是缺少教育技能与工作艺术。第三是报酬低、待遇差，付出与回报的不对称，班主任的劳动得不到尊重与认可，主要与社会及学校的评价制度有关。

三、提升班主任职业幸福感的建议

针对上述问题，我们仅从班主任工作的角度，提出提升班主任职业幸福感的几点建议。

1. 从学生的成长进步中寻找幸福。

班华教授提出：教师的职业境界之一，即教师幸福来自学生。一位班主任在教育随笔中写道："回味自己这两年多的变化，其实还要归功于学生的培养。"[1]

2. 提升班主任自身的幸福品质。

首先，体验、分享、成长，做一个性情中人。班主任要学会感动、感恩、感激，成为一个情感世界丰富的人。其次，学会倾听。班主任要做观察员，不做评论家。第三，真爱孩子。班主任要有真爱心。所谓教育无大事，事事是教育；班主任要做孩子的启蒙老师，要拥有一颗不老的童心，做学生的良师益友。

3. 在人生幸福、教师幸福、班主任幸福之间寻找平衡。

在自己的职业与事业、性格与人格之间，在作为教师的社会角色扮演与自我人格完善之间寻找平衡点，做一个内在和谐、人格完善的人。因为只有人格健全的班主任，才能给学生营造一个健全的生长环境，给学生积极健康的影响。同时，在现实生活中，在人与人之间的关系系统中，收获一份平凡人的普通情感，如良好的家庭氛围、友善的同事关系等。教师的职业幸福感不应是英模报告会上让人声泪俱下的慷慨悲歌，虽高尚却不近人情；更不应是一味地强调奉献、付出与牺牲，如蜡烛般燃烧自己照亮别人；也不是国旗下的讲话和向党宣誓的誓言；职业幸福感不应是教师职业自我合法化的借口，而应具体化为班主任的教育实践。是否幸福与教师的成功与否不存在必然的联系。职业幸福感不应成为"皇帝的新衣"，班主任尤其需要正视教育问题，关注现实，直面人生。

学生眼里的幸福班主任是这样的："老师，我们不希望你只是蜡烛，燃烧自己照亮别人，我们喜欢的班主任是这样的……闲暇时，看到我们班主任和他的家人悠闲地牵着小狗在公园里散步。"[2]

教师笔下的幸福生活是这样的："看着学生慢慢成长，让我幸福；和学生一起感悟生活，让我幸福；和学生一起努力的过程，让我幸福……"

4. 确立职业理想与信念。

班主任要确立自己的职业理想与信念。作为教师的职业幸福，不仅仅因为它是"太阳底下最光辉的职业"；不仅仅因为它的神圣与崇高，而是干一行爱一行的基本职业操守。

5. 持续不断的自我追求，把班主任工作从职业变成事业。

树立班级经营的理念，把班级作为学生的自治组织，而不仅仅是实施管理和控制的对象。从治理之术到经营之道，班主任要不断提升自己的教育素养和教育艺术，克服狭隘的管理主义取向。为此，班主任需要不断地读书、反思、分享，通过教育科研，记录自己与学生的生命成长历程。

6. 营造幸福校园，构建学校和谐文化生态。

江阴华士实验学校的吴辰校长提出，让校园成为师生的精神家园，并作为办学理念题写在学校教学楼的显著位置。我提出，让班级生活成为师生幸福生活的一部分。南京市13中的潘旭东老师提出，班级是一个特殊的家庭，班主任是学生的代理家长。

四、班主任职业幸福感的辩证法

1. 付出与回报。

班主任幸福感的前提是付出，但付出未必一定都能收获幸福；付出后的收获不是即时回报（功利化的追求），而是需要等待，需要坚守。班主任要做一名麦田里的守望者，对自己的教育信念不离不弃，才能最终收获幸福与快乐。

2. 职业操守与健全人格的统一。

班主任的心理成长比专业成长更重要。为此，我们需要不断反思学校文化、教师文化给我们的心灵带来的印刻和影响作用。因为长期受到它的熏染，对于文化给我们的人格、心灵造成的影响往往视而不见。

3.自我成长与同伴互助——自我与他人的关系。

班主任要克服狭隘的个人英雄主义倾向。丁如许老师的魅力班会课，强调班会课要向教师、学生、家长借力；改造教师文化，构建新的人际互动关系（师生关系、同伴关系）。南京外国语学校仙林分校对于"班级教育小组集体负责制"的实践与探索，让"人人都是德育工作者"从理想变为现实。

学生的幸福得益于遇到一位好老师、好班主任，班主任的幸福决定影响着每一个学生的幸福。为此，我们要做一个幸福的班主任！因为在班主任的职业生涯中，有许多制度性的障碍（外部因素），因为我们自身还有待不断地成长、成熟和完善（自身因素：情商、智商、人生境界、人文情怀）。今天，成为一个幸福的班主任，我们一起走在路上！

参考文献： [1][2]齐学红.今天，我们怎样做班主任——优秀班主任成长之路[M].上海：华东师范大学出版社，2006.

22. 今天，我们该向优秀班主任学什么

随着班主任专业化进程的不断推进，越来越多的年轻班主任开始认识到班主任工作的重要性，逐渐从事务型向专业型方向发展，进而自觉不自觉地产生向优秀班主任学习的愿望，并付诸自己的教育实践。向优秀班主任学习成为班主任自我成长的一个重要途径。这是一个可喜的变化。

但是，一些教师在向优秀班主任学习时，往往持一种功利主义的取向，希望在短期内见到成效，因而照搬照抄一些具体做法，效果却常常不佳。因此，对于一些年轻班主任而言，向优秀班主任学什么，如何学习，成为一个摆在他们面前的现实而又急迫的问题。

一

首先做一个界定，区分一下"优秀班主任"和"名班主任"。

优秀班主任往往是在长期从事班主任工作的实践中炼成的，他们在人格上更加成熟完善，对学生的影响更加全面深远，在班主任实践智慧和人格魅力方面堪称楷模或典范。他们往往具有大家风范以及作为教育家的优秀品质，其实践经验和教育智慧是经得起时间考验的。而且，他们自身也在不断学习，不断超越自我。

同优秀班主任相比，名班主任的诞生往往带有一定的偶然性和人为性，

其诞生机制本身是值得深思的。所谓名班主任，即近年来在班主任工作中做出了一些成绩，通过优秀班主任评选、班主任基本功大赛、班会活动展示等一系列活动脱颖而出，进而受到一些行政部门、媒体的关注和表彰，有一定知名度、关注度的班主任。这些名班主任往往有一些共同的特点，如大多比较年轻，在班主任工作中有一定的创意，受到学生的欢迎和喜爱等。

名班主任的诞生可谓班主任专业化的产物，更是近年来一些地方、学校纷纷推出的名班主任评选政策的产物。他们中的许多人已经非常优秀，但也有很多名班主任正走在成为优秀的路上，他们的经验还有待于时间的检验。

二

向优秀班主任学习，不可采用追风式的简单模仿，而是要经过客观的分析，以审慎的态度创造性地学习运用。因为教育情境的复杂性，不同班主任面对的学生的实际情况各不相同，班主任自身的个人特质、知识储备、能力结构也各不相同，不能采取简单的拿来主义的做法。所以，在探讨"向优秀班主任学什么"这一问题之前，我们必须首先明确怎样学习的问题，也就是学习的态度和立场问题。

向优秀班主任学习不是一个经验层面的简单分享，而应成为与优秀班主任对话的过程。对话不是单向度地效仿，而是批判性地吸收与借鉴。对于今天的教师而言，批判性思维的形成尤为重要。

在中国现行的教育体制下，标准化的考评制度、行政命令、专家意志、媒体力量、家长因素等多方面力量综合作用于教师的成长，使得教师的批判性思维几乎丧失殆尽，教师的工作越来越沦为简单地照章办事，不折不扣地执行长官意志或行政命令，教师的独立性、创造性受到极大的消解。"考试成绩好的学校即好学校，考试成绩好的教师即好教师"的评价标准大行其道，班级管理成为学校管理机器上的一个零件。成功、高效管理背后的教育理念，以及由此评价标准形塑的教师行为往往是值得怀疑的。因此，在现行学校管理体制下向优秀班主任学习，首先应避免盲目的偶像崇拜。

另外，优秀班主任可以作为班主任自我成长的一面镜子，从他们身上既可以发现自己的不足，同时也要发现自己的优势所在，只有这样，才能不断成长和进步。

三

向优秀班主任学习可从操作、观念、人格三个层面进行，进而区分为学习的三种层次或三种水平。如果以问题的方式表述，即"是什么""为什么""怎么样"的问题；从学习品质来分析，具体表现为"思""悟""行"三个要素。

班主任工作是一项实践性很强的工作，在实践过程中往往体现为大量繁琐的事务性工作。对于刚从事这一工作的年轻班主任而言，班主任工作实务的学习和操作显得尤为重要，例如，初任班主任的"三个一"：如何开好第一堂班会课，与学生、家长的第一次见面，上好第一堂课等。

因此，对于年轻班主任而言，学习优秀班主任的带班经验和具体做法往往成为第一要务。这种学习大多停留在事务性的操作层面，具体而言，就是学习优秀班主任是怎样带班的。这个学习阶段往往表现为简单模仿，向优秀班主任学习的往往是一招一式，并且大多采用拿来主义的做法，缺少自己的独立分析和创造性的运用。如果自己所带班级与优秀班主任所带班级情况比较吻合，可能会在短期内取得一定的成效；如果班级情况不一致或不相符，则效果不佳。

一些善于反思的班主任可能会提出这样的疑问：同样的做法，为什么效果截然不同？进而引发自己的独立思考，是自己的做法有问题，还是方法本身值得思考？于是进入学习的第二阶段——观念层面的学习，反思优秀班主任做法背后的观念是什么，即为什么会这样做？背后的思考是什么？

班主任的教育观念、教育理念不是空洞无物的，而是具体体现在每一个教育细节中，如魏书生老师"让班上的每个孩子都有岗位"与有的教师"让班上的每个孩子都有职位"的做法，看似一字之差，背后的观念却大相径庭。"人人都有岗位"体现了全班学生对班级活动普遍的参与意识，而"人人都有职位"强化的是学生的"官本位"意识。有的班主任坚持每学期走访班上每个学生的家庭，与班上每位学生谈心一次，与全班学生一起制定班规等做法，都体现了班主任"心里有学生""以学生为本"的教育观念。在此意义上，向优秀班主任学习不是操作层面的简单模仿，而是发现做法背后的原理性东西以及思想性的内涵。

这样的学习意味着班主任要逐渐确立和形成自己的教育观念与教育理念，始终把全面深入地了解学生、走近学生作为自己的必修课。在此基础上，对学生作为一个发展中的、充满个体差异性的、具有无限发展潜能的完整的生命体有着充分认识，对教育的内在本质、教育教学的规律性等有着整体性的把握。即教师要树立对于教育的内在信念，形成一定的专业品质，并将终身学习作为自己的努力方向。

向优秀班主任学习的最高境界是感受、体悟优秀班主任的人格魅力。教师的人格魅力作为一种潜移默化的力量，在学生一生的发展中都发挥着不可替代的作用。优秀班主任的人格魅力是其在长期的班主任实践中的教育智慧、人生境界的结晶。人格魅力作为一个人的本色、底色，往往同一个人的人生阅历、人生境界有关，非刻意追求、人为修饰、急功近利而成，也是向优秀班主任学习时最难效仿的。因此，年轻班主任要能潜下心来，深入研究教育教学规律，将班主任工作作为一个专业以及毕生从事的事业，不断学习，用心经营。相信通过长期不懈努力，一定可以达到优秀班主任的精神境界。

四

最后，我认为在此有必要专门就向名班主任学习这个问题提出一点想法。

近年来，在一些名班主任身上表现出一些可喜的个人品质，如对于教育事业近乎痴迷的热爱，对于自己理想信念的坚守，对于开展班级活动始终如一的坚持，对于班主任教育实践的创新意识和创新能力，对于新生事物的敏感力和接受能力，以及一定的自我反思能力、不断学习进取的精神等。他们中的一些人已经形成自己独具特色的带班风格以及明确的自我发展意识和发展能力。这些优秀的个人品质都是值得年轻班主任学习的。

但是我们也发现，在一些名班主任身上尚缺少一些内在的精神品质，如对名与利的过度追逐以及由此带来的行为表现等。在人生境界和人格魅力方面的差异，正是所谓的名班主任与优秀班主任之间的差别所在。

在当今日益功利化的社会，名班主任的诞生机制在"速成"了一批名班主任的同时，也使得一些人的精神世界变得日渐苍白，导致一些人身上人为包装、修饰的成分居多，更有甚者，一旦成名之后，往往满足于到处做报告，介绍经验，相互鄙视与攻击，在人生舞台上上演着一幕幕形形色色的人间悲喜剧，将教育演绎成为人生的名利场。媒体的宣传、自我的标榜往往使一些人沉醉于自我的"造神运动"，个人崇拜及自我意识膨胀，自我言说与实际行为出现极大反差，进而产生不利的社会影响。其功利化的人生追求以及实际行为中暴露出的问题需要引起人们的反思，也是年轻班主任在向名班主任学习过程中需要加以识别与警惕的。

当然，名班主任并不是完人，在他们身上表现出的这样那样的人格缺陷和行为表现，放在其他行业或其他人身上是可以理解的。但是教师职业的特殊性，需要我们对于这样一些人格缺陷和行为偏差表现出特殊的敏感性，因为它们会潜移默化地影响学生，乃至影响他们一生的健康发展。

以他人为镜，可正其身。在此意义上，名班主任作为年轻班主任成长的一面镜子，往往具有可资借鉴与可供批判的双重意义和价值，由此也可形成班主任的批判性思维能力和鉴别能力。这正是本文特别提出"向名班主任学什么"这一问题的价值所在、用意所在。

23. 班主任工作感觉孤立无援,该怎么办*

在中国的学校教育制度中,班主任是一个无法替代的重要管理岗位。作为班级的主任级教师,班主任承担着班级教育教学活动的组织者和协调者以及学生生命成长"重要他人"的角色。这一角色定位在把班主任推向班级教育工作第一责任人的同时,也使得学科教师的育人职责旁落,进而导致很多学科教师把维持正常课堂教学秩序的责任也推到班主任身上,加重了班主任的工作负担。班主任在班级教育工作中的孤立无援状态,成为许多教师不愿当班主任的重要原因。

一、体制创新:重建班级教育关系

要从根本上解决这一问题,关键是在目前的学校管理体制下重建班级内部教育关系,从制度层面为学科教师的育人职责予以赋权,使原来游离于班级教育关系之外的学科教师回归到以班级为单位的教育者团队中,使班级真正成为全体师生的生活共同体和教育共同体。以南京外国语学校仙林分校为代表的班级管理体制改革在实践中产生了深远影响。这项改革始于2008年,通过自上而下的学校管理体制改革,原来的班主任一人负责制下的班主任职

---

* 本文系江苏省教育科学"十二五"规划重点资助课题"班主任专业化的社会支持系统构建"(课题批准号:B-a/2015/01/013)的系列成果之一。

责被班级教育小组集体负责制所取代，教师既教书又育人、人人都是德育工作者的理想通过制度创新变为现实。继南京外国语学校仙林分校改革之后，江苏省镇江市润州区在全区所有中小学校全面推广这一举措，并取得了显著成效。在全国其他地区，也有类似的做法。这类改革的意义在于，它代表了教育改革的方向，本身是符合教育规律的。班级教育关系的重建不是依靠班主任的个人力量，而是需要从体制上解决长期以来教学工作与德育工作分离的"两张皮"现象。这既依赖于整个基础教育改革特别是学校管理体制改革的不断深化，又在很大程度上依靠校长的改革意识和执行能力。

二、人际互动：班主任主体性的发挥

虽然目前的班级管理体制存在诸多弊端，但是我们仍能看到，班主任所经营的班级文化仍存在很大的个体差异性，正所谓班如其人。在班级有限的时空下，班主任的个人因素和人格魅力仍有着很大的创生空间。班主任主体性的发挥，不仅体现为对现有工作职责以及学校各种管理职责的简单执行，更体现为对已有班级管理体制存在弊端的自觉克服。我们从许多优秀班主任身上，可以看到他们个人魅力所焕发的教育力量。因此，优秀班主任从来不意味着班主任个人英雄主义般的孤军奋战，而是善于调动班级内外各种不同的教育力量，整合各种不同的教育资源，包括学生、家长和科任教师，甚至是学校管理层的教育力量，争取并得到他们的理解、支持与配合。在此意义上，班级可以成为一个巨大的磁场，吸纳这种教育力量的主动加入，而班主任就是一块磁铁。

三、自觉践行：学科教师的教育职责

在目前的班级管理体制下，学科教师只管教学、班主任负责全面育人工作的人为分工已成常态，这种违背教育规律和教师育人职责的现象并没有引起学校管理者和学科教师的重视,而这恰恰是深化学校内部管理体制改革、全面提升教育质量的客观需要。为此,需要呼唤学科教师教育性的回归,自觉承担起教师应负的教育职责。我们从一些优秀教师身上,同样可以看到他们的人格魅力和教育魅力。他们首先是人师、育人者,而不是经师,或仅仅是知识的传递者。当面对各不相同的学生,履行一名教师的教育职责时,是无法区分分内与分外、教书与育人的界限的。而回归教师的教育性,不仅是教师教育职责的客观要求,更是教师职业的魅力所在,以及教师职业幸福的源泉。

总之,面对班主任工作实践中孤立无援的状态,并非仅靠制度创新就可以简单解决的,而是需要班主任教师不断发挥自身的积极性和创造性,同时需要在学校层面不断创设良好的育人环境和氛围,构建一个班主任专业化的学校内部支持系统。

24. 班主任的时间意识与教育人生

在今天这样一个社会急剧发展、生活节奏日益加快的现代社会，"忙"几乎成为绝大多数人的生活状态，"时间都去哪儿了"成为人们对于生命存在感、价值观的追问方式。对于在学校里生活的人来说，时间总是匆匆而过，"时间感"仿佛是为这样一个人群而存在的，而对于普通学校的班主任而言，时间感尤为凸显。伴随着每一个日出日落，班主任的每一节课、每一天、每一学期、每一学年的开始与结束，时间的金线就这样细细密密地织就了班主任的教育人生。

学校生活本应是一种慢生活，读书是让生活变得不再浮躁的一种生存方式，教师原本可以慢慢地品味每一段时光的流逝，慢慢地欣赏每一朵花儿的绽放，慢慢地享受与天真烂漫的孩子一起度过的美好时光。然而，这种田园牧歌式的学校生活却被现代生活节奏下对效率及其背后的分数的追逐打破了。学校变得越来越像工厂，教学变得越来越像大工业的生产流水线，学校教育不再关注每一个生命的生长，不再关注教育展现的过程，而是关注一个个可以量化的指标和结果。一切同效率和结果无关的行为都被视为浪费时间或无效行为，进而否认其存在的价值。

与之相应的，对于班主任工作而言，除了班级教学和常规管理之外，学校内外的各种活动或检查也在不断充斥着班主任本已少得可怜的自主支配时间。于是，提高班主任工作效率的难题只能由班主任自己去解决。班主任工作如此，学校工作同样如此。如果班主任能够有效地解决时间和效率的问题，那么，新的问题还会不断涌现出来。需要破解难题的不仅仅是班主任，更应该是当前的学校教育本身。

在社会变得日益浮躁、学校生活中"效率优先"原则胜过一切教育规律与教育原则的今天，班主任如何守望自己的教育理想和信念，规划好自己的教育人生，而不是成为班级琐碎事务的管理员呢？我提出如下几点建议：

第一，转变思维方式，变班主任工作的事务取向为专业取向、事业取向。班主任应树立强烈的专业自主意识和职业生涯意识，认真过好生命里的每一天，而不是敷衍了事，以完成每天的任务为唯一目标。从班主任专业化的角度，按照专业化的要求，对班主任的常规工作进行分类，如学生行为习惯养成教育、班级常规管理、班级文化建设、班级制度建设、班级集体教育与个别教育等。用研究的态度对待班主任工作，处理好班主任工作的计划性与突发性的关系，将每一个突发事件或问题作为提升班主任实践智慧和能力的机会，认真加以研究与应对。在积累班主任工作实践经验的基础上，善于总结反思，努力成为一名专业型或专家型的班主任。

第二，转变角色意识，从班级管理的运动员到班级教育教学活动的指挥员。转变"大事小事亲力亲为，做得越多越好"的工作思路，发挥班主任在班级教育教学活动中的组织者和协调者的作用，善于放手，给学生、科任教师更多的参与班级教育教学活动的机会，调动学生、科任教师以及学生家长的积极性，争取一切可以争取的教育力量，将班级建设成为一个学习、生活的共同体。

第三，树立班级工作中学生的自治意识和主体地位，发挥学生参与班级教育与管理的主体性。从落实学生作为班级管理主体的角度，将班级工作进行分类，而不是班主任一人包办或代办所有班级工作。一位优秀班主任是这样规划自己的时间的。他将班级工作分为三类：第一类是必须由学生自己去完成的，如班级卫生、纪律、作业等的监督检查工作；第二类是班主任、学生都可以做的，交给学生去做，班主任加以指导，如班级里下设的各个岗位及其职责履行；第三类则是班主任必须要做的，如班级发展规划、班级文化建设、与每位学生谈心或交流等。将自己从大量的班级事务性工作中解放出来，不仅可以提高工作效率，还能为学生提供锻炼自身的机会，取得事半功倍的效果。

总之，时间对待每个人都是公平的，不一样的时间意识和时间管理决定了不一样的教育人生。为此，班主任应善于做时间的主人，将班级管理作为一门科学，认真研究教育管理规律，努力成为班级管理的专家里手，在班主任工作岗位上演绎出精彩的教育人生。

25. 树立师生关系的学生立场

当看到"学生排斥班主任,怎么办?"这个标题时,不知道班主任教师的本能反应是什么?我仿佛看到了一群充满生命活力、个性张扬的孩子带着挑剔的眼光审视着他们的班主任——这位将在未来几年里管束自己的人。

"00后"的孩子们往往有着特殊的生长环境,他们在进入学校之前,大多是在父母家人的百般依顺下长大的。班主任教师可能会扪心自问:学生排斥班主任,不喜欢自己,那么他们喜欢什么样的班主任呢?学生排斥班主任,这种情况大多出现在起始年级初任班主任新接班时。面对此种情况,班主任教师可能的化解方法是什么呢?

一、从教师立场向学生立场转变

提问题的方式本身有一个立场的转变。如果班主任一味地站在教师的立场上,采取一种对抗性思维,把学生放在自己的对立面,那么可以设想,这将是一个以一对多、力量悬殊的对决。年轻班主任凭借自己的教师权威,可以在一时之间把学生"制服""拿下",但这样做很可能起到一时之用,只是暂时现象。因此,班主任需要转变思维方式,主动站在学生立场上思考问题,从学生学习生活的改变、生活环境的变化、可能面对的问题、需要教师提供的帮助等现实需要出发,给予他们必要的理解、支持与帮助。例如,班主任可以在学生中进行调查研究，了解他们的心理需求，在家庭里的时间分配、学习主动状态，对自己的班级、同学关系、师生关系的满意程度等，以找到自己工作努力的方向和目标。

二、深入了解学生，走进学生心灵深处

班主任想要从被学生排斥到成为学生喜欢的班主任，最终赢得学生的接纳与信任，前提是做孩子们的朋友，真正走进他们，了解他们，而不是从所谓的名班主任身上学习一些现成的方法与技巧。要相信，每个孩子都是一个独特的生命存在，他们的生活环境、生长条件各异，表现出来的各不相同的存在样态都是可以理解、可以接受的，因此，要悦纳每一个学生，并在此基础上寻找与不同学生沟通交流的恰当方式方法。

其实，并不存在以不变应万变的良方，任何好的方法，对学生行之有效的方式，都是班主任为学生"私人定制"和量身打造的。当听到那些优秀班主任讲述自己与学生之间的故事时，大家总会为班主任的用心用情之深所感动。年轻班主任在向优秀班主任学习时，不应限于方法技巧层面，而应思考这些优秀班主任为什么会有这样的方法技巧，它们背后的教育观念、思维方式是什么？

三、重视班级教育中集体的力量

当面对各种不同的学生和学生问题时，班主任不能孤军奋战，而是要借助集体的力量。班级的教育力量并不限于班主任，还包括任课教师、学生和家长的教育力量。班主任可以从任课教师、学生、家长那里了解学生，获得对学生的全面了解与认识；善于整合各种教育资源，形成影响一致的教育力量。同时，在面对学生和学生问题时，班主任不是将其孤立起来，而是面向集体，在集体中开展教育。因此，班主任除了研究每一个个体学生的发展需

要外，还要将班级作为研究对象，从班级制度建设、文化氛围营造入手，为学生的健康发展创设一个宽松和谐的氛围，发挥班级文化作为潜在课程的教育影响作用。

四、发现并形成自己的带班风格

初任班主任刚刚接手新班，面对各种各样的学生和学生问题，出现手忙脚乱、毫无章法的情况是可以理解的，这也是班主任在自身成长过程中必须经历的。如果班主任是一位有爱心、有情怀的老师，就会自觉地把这些经历变成自我成长的财富，从此开始了解学生、研究学生，寻找适合自己、适合班级的教育方式方法，进而渐渐地发现并形成自己的带班风格。只是这个过程需要时间、需要班主任的耐心等待，在静待花开的过程中，也能赢得自身的专业成长。这个过程也是班主任与学生共同学习、共同成长的一段美好的生命历程。许多优秀班主任对自己的第一次带班经历记忆犹新，无论是经验还是教训，都弥足珍贵。这样的直接经验是从书本上得不到的，正如陆游所说的"纸上得来终觉浅，绝知此事要躬行"。

26. 班主任的教育情怀从何而来
——基于10位优秀班主任的成长探究

在长期与一线教师和班主任的接触中，我们发现，那些真正热爱教育、将教育作为毕生追求的事业的人，他们身上往往有一个共同的特点，那就是对学生、对教育事业的热爱以及沉浸其中的幸福感。这种幸福感因爱而生，当遇到外界诱惑或挫折时，表现为对于自己理想信念的坚守。如果用一个词语来表达，就是"教育情怀"。也许有些人不是用情怀这个词语，而是用别的词语表达，但是当你看到那些教师谈到自己的学科教学或学生时，眼神里闪烁着的幸福光彩，工作中表现出的全身心投入的状态，"教育情怀"这个词语就会油然而生、脱口而出。与教育情怀非常接近的一个词语是教育信念，它们的区别在于一个是"情"，一个是"信"。教育情怀是因情而生，始终与情相伴，这种感情虽经历了岁月的磨炼，但历久弥新；教育信念在于目标的明确，更多地基于理性的思考与判断。

在一些人眼里，教育情怀可能是一个高大上的字眼，令人生畏，敬而远之。在我看来，它不过是一位教育人在长期从事教育事业的过程中，随着岁月的积淀，在个人身上形成的一些稳定的教育品质。教育情怀不能简单地等同于教育理想、教育信念，也不能归之于理性或认知，而是一种集理性、感性与知性、真善美为一身的综合体，是一个人精神风貌的具体显现。教育情怀不是空穴来风，更不是故作姿态，而是深深地植根于现实的土壤，来源于普通人的生活史和生命体验，又与理想和激情为伴，表现为自觉地提升自己的生命品质和精神追求，代表着诗与远方。换句话说，既能脚踏实地，又能仰望星空。教育情怀可以从几个不同维度加以理解：对于理想信念的坚守，对待学生的宽容与悲悯，对于功名利禄的淡泊，对待人生态度的积极乐观，自我人格的独立与完善。

本文源于对 10 位优秀班主任的个人成长史所做的叙事探究。10 位班主任中，有 4 位小学班主任、2 位初中班主任、3 位高中班主任和 1 位职校班主任。其中，女班主任 7 位，男班主任 3 位，有一定的广泛性和代表性。对他们的成长故事，分别从家庭影响、学生时代经历、工作经历以及与学生的关系等方面加以描述和呈现。本文通过对 10 位班主任的成长故事所做的深入分析，发现并揭示教育情怀的内涵及其诞生过程。

一、教育情怀的人格特质

一个有教育情怀的人，首先是一个有独立思想、独立人格的人，他们对于生活、教育、学生有自己的理解，不容易受周围环境的影响，绝不人云亦云。其次，拥有教育情怀的人一定是有人生大智慧的人，他们的生命状态积极向上，对于个人的名利得失、成败功过能够淡然处之；善于与人相处，能够实现内心世界与外部世界的和谐共处。换句话说，拥有教育情怀的人，往往人生的格局大，不计较个人的得与失，视野胸怀更广阔。教师职业本身就是一项触及人的心灵的事业，因为与人打交道，自己的人生境界要更为宽广；因为面对的是学生，要在孩子的人生道路上发挥积极的引领作用，自己就要成为一个人格健全、道德高尚的人，教师的言传身教就是最好的教育。一个自身人格有缺陷的人，即使学问再高深，也不能担负起教师的使命和责任。

正如常州中学谢晓虹老师所说："总认为，教育如果不能指向使教育者和受教育者都拥有感受生活幸福和创造幸福生活的能力，那么就失去了其存在的价值。所以,我希望自己的学生具备独立人格,有独立思考的精神,能对自己的言行负责,能客观观察和评价社会现象。"所以,独立人格、独立思考自然构成教育情怀的人格特质。

二、教育情怀的诞生过程

从10位优秀班主任的成长叙事中,我们可以发现,教师的教育情怀大致经历了四个发展阶段。

(一)一颗热爱教育的初心

教育情怀源于这些教师早年个人生活中埋下的热爱教育的种子。这使得他们在面临职业选择时,毫不犹豫地选择了教师职业。对教师职业的热爱或者源于父母的言传身教,或者是因为自己喜欢的某位老师;有的则是因为曾被某位老师伤害过,而决意要成为一名善待学生、善待生命的好老师。从这些教师的成长故事中,我们发现,他们是一群注定一生将与教育结缘、与教师职业相伴的人。其间,他们或者因工作成绩优异获得职位升迁,或者因一时工作受挫、生活变故,本可以离开教师岗位,但最终还是选择了与教师职业为伴。

昆山市葛江中学的于洁老师出身书香门第,虽早年家族败落,但"做个读书人,保持独立的精神人格"的家训得以传承;眼见父亲白天挑粪晚上夜读的场景,从小埋下了爱读书的种子;感受到父亲做教师做班主任的笃定、平和与美好,在对教育事业的意义和价值有了更深体悟的同时,立下了不辱没父亲美名的志向。因为出身教师世家,她对教育有着特有的敏感与领悟;也因为曾经教授她的教师的优秀,她习得了这些教师身上的优秀品质,汲取了更多的正能量——"他们让我深深明白,我的一言一行将会对我的学生的人生产生影响,也许很小,也许很大,也许会改变一个人的一生。"在她的眼里,教育从来不是枯燥乏味的说教,而是一群有血有肉的鲜活生命演绎出的生动故事。因为工作之初就尝到了做班主任的幸福与美好，即使遭遇了很多生活的苦与痛，她也不会选择放弃。与其说于洁老师选择了教师职业，不如说教师职业选择了于洁老师。做班主任对于班主任事业和于洁老师而言都是一种成全，进而成就了她精彩的班主任生涯。优秀教师、优秀班主任就是这样的人。

（二）对于教育理想与信念的坚守

教育情怀源于教师对教育本身的理解，对自身工作意义和价值的认可。内在价值感成为班主任在教育事业中执着追求的原动力。对于这些优秀班主任而言，热爱教育的初心在以后的班主任工作实践中同样面临着诸多现实的困扰，但他们的不同之处在于，都能凭借对教育事业的热爱和对教育理想的坚定信念克服重重困难，在赢得学生、家长以及社会认可的同时，享受到精彩的教育人生。当面对困难与挫折时，他们或通过个人的虚心好学，或主动寻求专家学者的指导，或寻求同伴的支持与帮助，进而渡过难关，取得良好的工作业绩，走向个人成长与专业发展的良性循环。他们在班主任专业成长道路上积蓄了更多的正能量，进而获得源源不断的自我发展的原动力。相比于更多的普通班主任而言，他们是其中的幸运儿，因为他们的幸福指数更高，也更持久。

常州中学谢晓虹老师对教师职业有着自己的理解："我一直告诉自己，除了这三年，我的心里要有你们三十年的人生，要有这个民族三百年的未来！"一个拥有这样的胸怀和担当的人，才会不断追寻生命的意义和教育的意义，也才会把这样的意义感、存在感、价值感传递给班上的每一个孩子。当谈到班主任工作时，她的一句"我愿意"就是对教师职业、教育信念的最好表达。

常州市武进区刘海粟小学的王晓波老师对教育有着这样的理解与感悟："做班主任也好，做教育也好，其实是件挺朴素挺自然的事，就像农人想要种出最自然美味的庄稼，用的是最原始最朴素的方法一般。"她的班主任职业生涯源于"只有当班主任，才称得上是真正意义上的老师"这一教育信念。对班主任工作内在价值的认识，决定了她的工作态度和工作状态。这就是为什么同样面对烦琐而又压力重重的班主任工作，很多班主任教师或望而却步，或苦不堪言，而这些优秀班主任却能乐在其中。

（三）良好师生关系的建立

教育情怀的核心是对教育、学生的那份历久弥新的情感。正如苏霍姆林斯基所说："最好的教师，教育修养中起决定性作用的一种品质就是对孩子的依恋之情，对学生的爱、热情、激情、智慧。"有的班主任是这样理解自己与学生之间的感情的：班主任与学生的关系就像恋人之间的关系，要与学生谈一生一世的恋爱。从优秀班主任身上，我们时时能够感受到他们对待学生的用情之深、用情之切。这些班主任对待学生有一种发自内心的热爱，爱孩子往往是不需要理由的。他们与学生之间的关系不仅仅是一种工作关系，更不是例行公事，而是有着更为丰富的内涵。他们与学生之间亦师亦友，更有亲情，不是亲人胜过亲人，超越了现实生活中的世俗关系。即使仅就工作关系而言，也不是一种教育与被教育、改造与被改造的单向度关系，而是互为成长伙伴。他们认识到，在很大程度上，是学生成就了教师，成就了班主任。班主任对于学生用心用情，并不是一味地付出，而是同样被学生的生命所鼓舞和感染。这些优秀班主任，尤其能够体悟到教学相长的内涵。

谢晓虹老师在自己的教育自传中有过这样一段话：

张爱玲说："因为懂得，所以慈悲！"知道自己执着的也不过是那些青春的岁月、长大的故事，因为爱着这样的生活，所以教师工作对我总是乐趣多于烦琐的。

喜欢感受一颗心灵从沉睡到觉醒的慢慢丰盈，喜欢体会一个少年从懵懂到智慧的点点积累。试问，有多少人能拥有这样的幸运，可以怀着这样的欣喜，注视和分享一个作为个体的人的成长？

也许真正的热爱就是这样不功利、不自私，在我的所得和付出这架天平上，从未觉得所得太少，付出太多。记不清自己的心里曾有过多少感动，数不清自己的眼中曾有过多少幸福的泪水，理不清自己的手上握着多少祝福……生活是慷慨的，做一名教师是幸福的。

南京市新城初中的沈磊老师写道："我何其幸运，能与学生共成长！"这无疑是对师生关系、教师职业幸福的由衷表达。他的班主任生涯源于对建立良好师生关系的追求："因为我珍惜并且期待一份师生感情！尽管平日的工作很辛苦，却在最真实的喜怒哀乐中与学生携手前行，共同成长，达成一段生命的旅程。从岗位，到职业，再到专业，我在班主任专业成长道路上沉醉不归。教育，诗意地栖息在生命的世界里，而我则恰好幸运地以最真实的方式参与了其中。"

正如王晓波老师所言："我原本是一个内向而被动的人，习惯了行政命令下的思维方式和教育生活，却因为与孩子相遇而不断改变自我，超越自我。"

谢晓虹老师则指出："在高中班主任的众多定位中，我始终将自己定位于'重要他人'角色，虽然具体情况因人而异，但大致分配一下的话，整个工作中'引领'占据20%，陪伴占据50%，跟从占据30%。在我的理解里，良好的师生关系和其他各种关系一样，起之于'跟从'和'陪伴'，只有学生感受到你的尊重和信任，真正润物细无声的'引领'才能在陪伴中自然发生。"

（四）在不断学习中自我超越

教育情怀的第四个阶段，则是在所谓的功成名就后的自我超越。其实，在班主任工作经历中获得短暂的成功，并赢得学生、家长和社会的认可，也许对于这些教师而言，并不是一件困难的事情，难就难在功成名就后的自我超越。很多班主任的职业生涯可能就止步于功成名就后的沾沾自喜、停滞不前。正如一位哲人所说："认识你自己！"自我超越往往是最困难的。超越自我有两个关键点，一是对于教育持有一颗平常心，远离世俗的功利心、功名心；二是不断地学习，使自己的精神世界日益丰满，而不是沦为物质生活的奴隶。我们发现，这些优秀班主任都有很好的自我反思意识和批判精神，不满足现实，能通过自我学习提升生命质量。

对于班主任而言，专业成长的动力源泉来自哪里？从这些教师身上，我们发现，他们或通过不断的自我学习与提升，或通过专业培训，向专家学者学习，与志同道合者为伴，通过自我成长、团队互助，获得进一步提升的动力源泉。

谢晓虹老师认为："一个优秀的教师，应该善于认识自己，发现自己。生活中的一些人，为什么没激情，因为他们发现不了自己的可爱之处和伟大之处。一个人只有找到自我成长的途径，才能有持续发展源源不断的内在动力，教师也不例外。自己与自己对话，是一个人成长的重要途径。"

正如王晓波老师所说："人生不能没有理想和追求，但不能仅仅以成败来衡量内涵丰富的生命。在教育路上，我始终坚信：只要上路，就会遇到庆典。"王晓波老师在自己的班主任职业生涯中，努力成为一个终身学习者，在经历了向优秀班主任机械模仿、主动学习、大胆创新的发展过程后，走出了自己的专业成长道路。

南京江宁中等专业学校的陈斌老师在自己的成长自述中这样写道："很多老师有用手中的相机记录学生成长片段的习惯，我也曾如此，不过我把这些记忆的碎片用教育情节串联成一部部微电影；很多老师还一直在不辞辛苦地批阅着学生的周记，我也曾如此，只是我规划了写作的主题，把他们的故事编辑成感动他们自己的励志读本。6年的时间里，我带领一批从未自信过的中职学生完成了20部微电影和40万字的毕业文集。遇见他们，也让我遇见了更好的自己。"这些与他人不同的背后是他广泛的阅读和不断的学习与自我反思。他认为："班主任工作说到底是做人的工作，需要班主任对人性有充分的了解，不但要了解学生，还要了解自己。有着什么样的学生观及什么样的自我观念将决定你有什么样的思维方式和工作策略。"

正如沈磊老师所说："'一辈子做班主任，一辈子学做班主任。'这是一个信念，也是一种情怀。这样的选择就意味着我会心甘情愿地多付出一些辛劳，多挑起一些责任，却也将收获更多无私的爱。班主任只有和学生一起成长，教育的生命才会充满意义和价值，从而激发一个孩子，带动一个家庭，乃至优化整个社会。班主任的真正成长与发展，在于其内心的深度觉醒。班主任的教育情怀是对未来的守望，是诗意的栖息，是有丰富情感的心境。这份情怀会是我对教育本质理解后的一种执着的大爱，她会为我提供不竭的动力。她也能带动我周围所有的人，让大家一起播种爱、感受爱、传递爱。"

通过对10位优秀班主任的成长故事的解读与分析，大致描绘了教育情怀的发展轨迹。概括而言，教育情怀的诞生是一位教师终生修炼的过程及结果。如果说热爱教育的初心是面向过去，承接历史，那么，坚守理想与享受师生关系的幸福则是面对现实，在现实中获得成功与积极的心理体验，同时，这也是一个面向外部世界，不断寻求社会认可和自我价值感的过程。第四个阶段则是回归内心、面对自我、不断超越的过程，是一个由外而内、挖掘自身生命潜能的过程。或者说，教育情怀的获得就是一个人不断自我提升、自我修炼的过程。

就像《西游记》里的唐僧师徒到西天取经，历经九九八十一难，最终取回真经；所谓的真经不是无字之书，而是整个取经的过程，或者说是一种历练。班主任工作也同样如此。任何人只要潜心向善、向学，热爱教育，毕生追求，不离不弃，一定可以取得"真经"。同时，在这个上下求索的过程中，不断提升自己的生命质量，成为一个有教育情怀、享受教育幸福人生的人。

27. 班主任的专业素养与班会课
——兼论什么是好的班会课

如何看待班会课的功能，班主任的观念起到主导的作用。从优秀班主任的个案中可以发现一个普遍规律，即优秀班主任往往非常重视班会课，并能很好地发挥班会课的功能与作用，让班会课成为对学生施加系统的教育影响的舞台，同时也成为检验班主任专业知识与专业素养的重要载体。但是在一些班主任的观念中，还没有从专业的角度做到像学科教学一样认真备好、上好班会课；而学校管理者也很少对班会课提出明确而具体的要求。随着班主任专业化的推进和人们对班主任作为一个专业认识的不断提高，班会课作为班主任专业技能和素养的重要载体，势必会越来越受到重视。

正如全国模范班主任任小艾老师所说："主题班会的成功与否，与班主任自身素质的高低有着直接关系。对学生成长规律的研究，对现实社会发展的关注，对影响学生未来的诸多因素，都要有一定的把握。其中，最为关键的是，教师对学生爱的投入，对学生成长细节的观察，对有效应对问题以及防范问题的思考。班主任需要有一定的居安思危、未雨绸缪、防患于未然的能力，还要有敏锐发现问题、勤于思考问题、有效解决问题的本领。"[1]

正如名师的教学风格可以通过他的公开课得以展现一样，班主任的专业素养、带班理念、与学生的交往方式、对理想班集体的构想，都能在他的班会课中体现出来。虽然不同的班主任有不同的带班风格和管理理念，但是在重视班会课并善于发挥班会课的功能和作用方面，往往是一致的。好的班会课的背后往往隐含着丰富的教育内涵。正如好的公开课值得人们反复品味一样，好的班会课也会令人回味无穷。

本文从班主任的专业素养与班会课关系的视角出发，结合优秀班主任的班会课课例，探讨究竟什么是好的班会课、班会课与班主任的专业知识与素养之间有何内在关联、如何更好地发挥班会课的功能与作用等问题。

我认为，好的班会课应该具备三个条件或标准：好的主题，好的设计，好的效果，即内容、形式、效果三个方面俱佳。而班主任的专业素养也可以通过这三个方面得以具体体现。

一、班主任对教育问题的敏感性与班会课主题的确定

班会课主题的确定，有的是服从于学校整体工作安排的需要，如大的节庆活动安排，有的是班主任根据本班学生实际，自主开发设计的。本文所讲的好的班会课主要指后者。上好班会课是班主任的一项基本功，对于形成特有的班级文化氛围有着不可取代的作用。

班会课的主题往往来源于班主任对学生特点的把握，以及对学生当下现实问题的关注与思考。因而，班会课主题的确定要求班主任从学生的需要出发，善于发现学生当下存在的问题。对班会课主题的选定，表现出班主任对教育问题的敏感性和思想的深刻程度。而对于教育问题的敏感性，是班主任教育理想与信念的具体表现。一位优秀班主任应该有自己对于教育的理想与信念。下面呈现的是两位有着截然不同做法的高中班主任的班会课案例。

例1：一位高中班主任从本校以及本班学生的实际出发，设计了"快乐教育"以及职业生涯规划的系列主题班会，深受学生的欢迎。该校学生生源较差，能够考上本科院校的学生只是极少数，绝大多数学生看不到升学的希望，自信心普遍不强；学习对于他们而言，毫无快乐可言，尤其是残酷的升学竞争中，更多的是对失败的体验；人生在他们眼里不是一片光明，而是毫

无希望可言。

为此，这位班主任提出"快人一步，乐在其中"的"快乐教育"理念，让学生在高中阶段体会学习的快乐、人生奋斗拼搏的快乐，并围绕这一教育理念设计了一系列班会活动，让学生成为班会课的主角，自主设计，自主组织。班会课成为学生展示自己才能的舞台，这些升学无望的学生在这里找到了自信，焕发了生命的活力。

但是，学生在班会课上投入的时间并没有换来学生成绩的提高，反而影响了班级在年级的考试排名。班主任承受了来自学生、家长和学校领导的压力，甚至想到了放弃。在经历了痛苦的反思后，班主任把班会课的主题确定为高中生的职业生涯规划和设计，把活动与学校升学的目标有机结合起来，取得了好的效果。在常人眼里近乎黑暗的高三生活成为学生值得回味的一段生命经历。

例2：对于另外一位带重点班的高三班主任来说，他面临的是不同的教育问题。这位班主任所在的学校是当地的四大名校之一，他所带的班级是省招班，是当地的优质生源。而他的困扰是，班上的学生只知道学习，可谓"两耳不闻窗外事，一心只读圣贤书"。对于这样的好学生，其他的班主任可谓是求之不得，但是这位班主任却有着不一样的忧思：这样的教育培养出来的人虽然能有好的成绩和看似光明的前途，但却是有缺陷的，是不符合未来社会对人才的需要的。

为此，他精心设计了一个题为"寻找自己"的学校生活表演剧，让学生把只知学习的行为表现与纪律散漫、自由潇洒的行为表现用摄像机记录下来，以法庭的形式让学生自由辩论当代中学生应该有怎样的人生理想。同时，请学生扮演不同行业、职业的专业人士，从他们的视角谈一谈对人才的理解，共同探讨什么才是当代中学生应有的行为表现。这样的主题有深度，对于高中阶段学生的思想产生了极大的触动。

二、班主任的教育理念与班会课的设计

班主任的教育理念总是贯穿在班会课的设计中。班主任对教育理想、达成教育目标的途径与方法的理性思考,都会在班会课的设计中得以体现。其中,班主任对教育资源的整合意识是班会课设计理念的一个重要方面。

班会课不仅是展示学生才能的舞台,也是家长展示才艺的舞台。吸纳并整合家长的教育资源,是许多班主任的共同之处。著名班主任教师任小艾的做法在今天仍然沿用着。南京市芳草园小学郭文红老师的班会课,从学生讲坛发展到家长讲坛,吸引家长踊跃报名参加。他班上的学生同当年任老师的学生一样幸运,也有到机场参观并乘坐飞机的经历和体验;从学生讲坛走出来的故事大王走出了学校,走上了电视。至今,郭老师仍然坚持家访的做法,每学期走遍每个学生的家庭。她说:"只有走进了学生的家里,我才知道,我班的那个学生为什么总是迟到,而迟到的理由总是找不到衣服或学习用品。因为他的家里乱得无法下脚。"确实,家庭给一个人的影响,靠教师一个人的力量是不能改变的。因此,与家长站在一条战线上,最大限度地争取家长的理解与配合,是一些优秀班主任成功的秘诀之一。而时至今日,人们对家长作为一种教育资源和教育力量的认识还远远不够。一些班主任仍然把家长作为训斥的对象,难以形成家庭与学校一致的教育影响,教育效果也大打折扣。

把家长请进来是一种做法,把学生带出去,将班会课的舞台从学校拓展到社会,发挥并利用社会教育资源也有异曲同工之妙。有位班主任把学生带到了植物园里种树,让学生到麦当劳店体验一天的工作等,既锻炼了学生的能力,又增长了他们的见识。这样的教育效果,是那些总是担心学生的安全问题、不敢带学生离开学校半步的班主任无法企及的。

在一个个想常人所未想、做常人所未做的班会课的精妙设计中,体现了班主任打破常规、大胆创新的先进教育理念。例如,如何让传统教育题材焕

发时代活力，就是班主任的创新之处。所谓创新往往体现在观念和手段两个方面。如 3 月 5 日学雷锋日，组织全校或全班搞义卖活动，把义卖所得捐给贫困生或需要帮助的人；为了纪念长征胜利 70 周年，围绕重走长征路组织、开展系列主题班会活动，同时让学生畅谈参加这些活动的感受和体会，变传统德育的被动说教式为学生主动参与的主体探究活动，同样收到了意想不到的效果。

总之，一个好的设计、一个具体做法的背后，隐含着班主任的教育思想和理念。所以，班会课的设计绝不仅仅是操作层面的具体做法，而是思想观念的现实化过程。

三、班主任的个人素质与班会课的实施

班会课的成功与否，除了班主任要有正确的教育理念以及对当下社会问题和学生思想发展状况的准确把握外，还需要具有一定的组织协调能力和管理智慧。一堂好的班会课，除了得益于好的理念、鲜明的主题外，还得益于班主任良好的专业技能和个人素质。从这个意义上说，班会课不仅是学生、家长展示才艺的舞台，还是班主任个人素质展示的平台。

一堂好的班会课往往会给学生的一生带来启迪和影响。在一堂成功的班会课上，师生之间、亲子之间能够达到水乳交融的效果，这是任何说教式德育无法实现的。由于班主任个人的先天素质不同，表现在班会课的组织与实施上往往各有所长，如有的擅长组织文艺或体育活动，有的擅长演讲，有的擅长心理剧等。同时，班会课的成功还取决于班主任对各种教育元素的组合与重整，而不是班主任一人唱独角戏。

四、班主任的角色意识与班会课的效果

如果说班会课是一个舞台，班主任就是导演、策划，学生才是真正的演

员。只有导演和策划是不够的，离开了学生的积极参与，班会课也无法取得理想的效果。

从班会课的功能来看，好的班会课往往体现出一定的开放性，不唯教育性，可兼具娱乐性。如一位高三班主任所说："对高三学生来讲，他们本身的学习已经非常紧张，高考这根弦已经绷得够紧了，在这种情况下，放松是提高效率的最好手段。我的班会课的目的就是要让学生笑，开怀大笑，既可以起到精神放松的作用，也可以达到缓解学习紧张气氛、融洽师生关系的目的。班会课的作用就像是机器得到良好运转的润滑油。"笑的题材就来自学生的日常生活。这就要求教师和学生善于观察、用心体会，认真发现生活中的乐观向上的积极因素。

学生既是生活的主角，也是班会课的主角。班会课的效果，一是取决于学生的广泛参与，二是学生能够在班会课上有所感悟，心有所动。例如，学会感恩的主题班会，通过创设教育情境，营造教育氛围，把师生情、父母亲情、同学情通过细节表达出来。这里有父母写给孩子的信，有孩子从小到大的照片和成长故事，有学生为退休教师精心编织的围巾，更有给当事人的惊喜和心灵的震撼。好的班会课的效果未必立竿见影，但往往会对学生的一生产生影响。

综合来看，一节成功的班会课往往融合了各种教育元素，是班主任教育智慧的结晶，也是班主任综合素质的集中体现。班主任专业化的进程中，应该重视并强调班会课的重要性，把班会课纳入学校的课程体系，使班会课系列化、课程化，不仅要重视主题班会课，还要规范日常班会课，避免班会课的随意性；充分挖掘班会课丰富的教育内涵和特有的教育功能，为学生身心全面健康发展搭建有利的发展平台。

参考文献： ［1］丁如许.魅力班会课［M］.上海：华东师范大学出版社，2009.

28. 在冲突与融合中建设现代班级文化

班级文化有广义和狭义两种理解。广义的班级文化，是指班级生活中的一切文化要素。狭义的班级文化是班级全体成员共同创造出来的独特文化，是班级成员在班主任的引导下，朝着班级目标迈进过程中所创造的物质财富和精神财富的总和。班级文化主要包括：物质层、制度层、精神层，即班级文化包含物质文化、制度文化和精神文化三个层面。

从班级文化构成的主体来看，主要包括学生文化和教师文化，具体包括青少年文化、同辈文化、教师文化、教育文化。不同文化之间往往存在着一定的矛盾与冲突。教育文化和教师文化作为主流文化，依靠制度的力量在班级文化中占据优势地位。而青少年文化、学生同辈文化作为亚文化的作用也不容忽视。随着学生年龄的增长，年级的升高，学生文化对班级文化的影响作用正在逐渐加强。

班级文化面临的主要矛盾来自学生文化与教育文化的冲突，主要体现为主流文化与学生亚文化之间的矛盾冲突。教育文化代表了主流文化，是依据一定的教育目的，对人类的文化遗产经过选择传递给新生一代的文化，包括一定的物质存在、教育者自身的文化素质、教育活动、教育制度等。[1]教育文化作为社会外在的制度性要求，只有通过班级文化被学生自发接受，成为班级成员内在的、主体的、实际占有的文化，才能充分发挥其积极作用。

可以说，成人世界与儿童世界、教育文化与学生文化的冲突，普遍存在于班级文化建设的每个环节中,班主任作为班级的主任级教师,在班级文化建设中的组织协调作用不断凸显。尤其是当学生文化与教育文化发生冲突时,班主任是站在成人立场上,出于学校工作和班级管理工作的需要,一味地按照成人的意志强调班级文化建设的整齐划一,自觉维护学校的各项规章制度,还是站在学生的立场上,理解、尊重学生,允许班级之间、班级和孩子之间存有个体差异,保持班级文化的健康生态。这样的角色意识以及可能面临的矛盾冲突,在班级文化建设中得以体现,从中透视出班主任不同的教育观、学生观。

一、发挥环境的育人作用

苏霍姆林斯基说:"只有创造一个教育人的环境,教育才能收到预期的效果。"教室作为学生最主要的学习生活场所,其文化环境是以学生为主体创造出来的,而文化环境反过来又可以影响他们的成长、发展。教室里整齐、美观的布局,给学生赏心悦目之感,能让学生在课堂上保持饱满的情绪,产生积极的影响;清洁、卫生的环境,能让学生养成良好的卫生习惯,以最佳的心态参与学习活动。班级环境布置是班级文化建设最基本的内容,它不仅体现班级的精神面貌,而且直接影响学生的心理健康。因此,利用好每一个空间,精心布置,使其既温馨舒适,又催人进取。班级环境布置要体现以下原则。

(一)彰显班级个性

通过对一些学校班级环境布置的实地调查发现,班级环境布置大多存在着千篇一律或者一味追求花样翻新的现象,很少体现班级风格或特色。另外,班级文化更多地强调制度对学生的规训作用,如张贴名人名言、口号标语、班规班训、学校的各项评比检查、对学生的作业要求等。而这样一些完全处于或人意志或制度规范,未经学生讨论交流和认同的环境布置,往往是形同虚设,不能发挥应有的作用。一项关于班级文化的调查显示:73%的学生不能说出教室里的标语和名人名言是什么[2],这样的班级文化已流于形式。每个班级要使教室具有特色,不仅仅表现为外在的标志、文字等,更需要班主任发挥引领作用,发掘内涵,真正形成班级个性。

(二)强化学生主体作用

在一项访谈中我们发现:出黑板报是为了应付学校检查,而且只是几个同学的行为,班级大部分学生很少关注其内容,51%的学生不能说出黑板报大致有哪几项内容。[3]创建班级文化环境,传统的做法基本上是教师和少数同学包办,很少注意发挥和调动全体学生的积极性和创造性,以及班级文化的育人功能。现在的中学生思维活跃,个性明显,民主意识增强,这就要求班主任从学生实际出发,激发学生的主动性和积极性,给学生提供一个创新的思维空间、实践的舞台和展示才华的机会,让他们成为具有生命力和创造力的主体,把班级文化建设作为一项培育学生文化的重要途径。

(三)发挥环境的激励作用

班级环境的布置,不仅要给学生美的感受,发挥潜移默化的熏陶作用,更要具有直接的激励作用。成为弘扬班级文化主旋律的重要媒介。一位年轻班主任用如下的方式来激励学生。

现在班上推行的一个新玩意——学生海报,是我在看篮球赛时突发奇想的。在篮球队里,每个球队主场上都挂着球员的巨幅画像,我想这何尝不能用在我的班级里呢?当学生走进班级,看到头顶上全是他们自己的画像,预示着这是他们的班级,他们是班级的主人,这是一件多让他们自豪的事情啊!每天一进门就看到自己在对着自己微笑,一天也都有好心情,同时也提醒自己千万不能做什么错事,因为自己正时刻看着自己,监督着自己。同时也想,初中三年是孩子巨大变化的三年,无论是外貌还是内心。如果每年一个这样的海报,到毕业后能清楚地看到自己的成长,自己的变化,这是多么有意义的一件礼物啊![4]

二、发挥规范的导向作用

班级规范是班级文化建设不可缺少的一部分,是协调和组织好班级的保证。有了规范与制度,才能保证统一的严格纪律,使集体活动井然有序,使班级目标顺利达成;才能使学生在一定的要求下自觉地约束自己的言行,朝着符合班级群体利益、符合教育培养目标的方向发展。班主任工作的任务之一在于使学校制度和教育文化对学生的要求具体化为班级的规范,让班规体现出班级特色和风格,并内化为学生的行为习惯。班规是班主任个人创造、学生集体创造与学校文化制度结合与统一的结果。一份完整的班规,既有对学生思想、行为的正面引导,也有对教师的要求,涉及学习检查、纪律监督、体育锻炼、清洁卫生、备品维护等各个方面。

班级制度对学生行为的规范作用主要体现在规范学生的学习行为和生活行为,帮助学生养成终生受益的好习惯。班级文化的制度建设不仅要体现出其规范性一面,更要加强制度建设的文化方面,以文化引领人。

班级是学校的一个基本单位,班主任是班级的主要负责人,会对学生产生全面的教育影响。班主任的教育理论素养、对教育问题的看法,会渗透到班级的制度建设中,形成自己班级的特色。依靠规范对学生行为的约束性和对教育价值的倡导性,可以使班规融入班风、传统、舆论和习惯的培育过程。一个班级要形成良好的班风,一定要依靠一定的规则来调控和维持。在班级中订立制度性的规范,赋予班级特定的教育价值,能起到对学生思想观念的导向作用。

班级规章制度由谁来定?是班主任一人说了算,还是发挥学生的主体作用?只有经过学生自己讨论协商并认可的班规,才能发挥其应有的规范约束作用,否则就会形同虚设,成为一纸空文。

三、在协商与融合中形成班级精神

班级精神是班级文化的核心和灵魂,是全班学生的精神支柱和共同信奉的价值准则。它包括群体意识、舆论风气、价值取向、审美观念等。培养班级精神是一项长期而艰巨的任务,班主任在班级精神的铸造上发挥着主导作用。

班级精神是班级文化的主导价值取向,是班级成员共同的行为特征。随着学生年龄的增长,教育文化要发挥作用更要依赖于班级文化。积极的班级精神有利于教育文化发挥作用,能对学生产生内在的激励作用,让学生最大限度地利用、占有教育资源,获得全面、和谐的发展,进而增强班集体的向心力和学生的归属感,形成健康、向上的班级文化氛围。消极的班级精神对教育文化起到破坏作用,使少数人的行为蔓延成一种群体意识,使班级的正常生活由有序到无序,使班集体处于一种混乱、失控状态。

班主任在班级文化建设中,要给学生创建一个有利于教育文化发挥作用的积极向上的班级文化氛围,为学生形成共同的价值追求创造条件。同时,要从学生实际出发,建设具有特色的班级文化价值体系。学生选择到一个班级中学习或者是否热爱自己的班级,在很大程度上取决于班主任对班级文化的有效把握,取决于一个班级在班主任的带领下所形成的班级风气。

班级精神并非自发形成,而是在协商融合过程中逐渐形成的。班级是来自不同地域、不同阶层、不同社区的互不相识的学生的集合。每个学生都具有不同的价值观,要让班级中的学生在某些价值取向上获得共识需要一个过程。班级精神是在班级生活中逐步形成的,它的形成与班级成员需要的满足有关。班级精神的最终形成,需要班级成员在某一价值取向上达成一致,这种达成一致的过程就是协商的过程。在班级这个小社会中,教师与学生之间、学生与学生之间、教师与教师之间具有不同的价值观,经过一系列冲突、碰撞和融合,班级的价值观最后逐步形成。

积极班级精神的形成，一方面取决于教育文化是否能满足学生发展的需要，另一方面取决于班主任的职业素养和个人人格。班主任固然可以利用自己的权威地位，形成主导的价值取向，但是有时因为缺少与学生的交流、对话，班主任推崇的价值观不能成为全体成员的一致追求。一个看似统一的班级，其实蕴含着危机。班主任要在了解班级学生的基础上，依据教育文化的要求，提出班级具有主导价值取向的目标，再根据学生的表现和反馈，判断自己的目标是否适合学生，能否为学生所接受，并据此做出进一步的调整和判断。

总之，班主任负有协调整合各种不同文化要素，构建和谐统一班级文化的重任。要认识到班级文化构成的复杂性、各种文化存在的合理性与必然性，在此基础上开展班级文化建设。面对班级里客观存在的各种不同文化要素及其可能的矛盾冲突，班主任要善于把握全局，发挥自己的教育智慧，促进不同文化间的融合，进而形成班级和谐的文化生态。

参考文献： [1]李学农.中学班级文化建设[M].南京：南京师范大学出版社，1999.

[2][3]朱小蔓.制定《初中思想品德课程标准的理论基础与设计思路》[EB/OL].http://www.Final/Documents/kchgg/kgjx/200441491641/2.htm.

[4]史菁.流金岁月——属于我们的"史记"[EB/OL].http://blog.njbxjy.net//list_region.asp?r=14/2006-11-22.

29. 班级教育空间的有效拓展
——班会课主题化系列化的实践探索*

在基础教育课程改革的背景下，中小学课堂教学正在发生着"静悄悄的革命"，教师的教学理念、教学组织形式、与学生的互动方式都发生了很大变化，课堂教学模式正在向着更加开放、多元的方向发展。但是也应看到，当前教师的课堂行为仍然受到应试教育诸多评价标准的禁锢和束缚，教育教学的价值仅仅体现为升学成绩和考试排名，教师、学生丰富的生活世界被排斥在升学竞争之外，进而沦为升学考试流水线上的操作员。在"唯分数和升学成绩论英雄"的评价体系下，评价更加关注的是学科教学，而学校德育工作与学生的行为习惯养成则处于边缘地位。与之相对应，班会课虽为"课"，却普遍不被重视。在很多人看来，班会课不是一门严格意义上的课程，在学校教育体系中大多处于"三无"状态，即没有备课，没有教研，更没有评价。尽管如此，仍然有一些学校和班主任重视此项工作，将班会课与学科教学同等对待，并纳入学校的学科教研活动，不仅认真开好班会课，而且深入研究班会课，在班会课的主题化、系列化、课程化方面进行了许多有益的实践探索，为班会课程化营造了一片充满生机与活力的天地。本文将从社会学角度，对班会课的功能定位、实践探索及其社会学意义加以分析阐述。

---

* 本文系 2011 年度教育部人文社会科学重点研究基地重大项目"青少年交往与道德学习的社会学研究"（项目批准号：11JJD880019）的系列成果之一。

一、作为一种隐蔽课程的班会课

在学校教育场域中，高密集、高强度的学科教学训练无疑处于举足轻重的地位，分数成为学校的生命线。与之相对应，班会课虽然名义上为"课"，但是在人们的心目中却是非正规课程，没有目标，没有评价加以限制，也是教师认为的最"自由"的课。每周一节的班会课经常被用作自习课，或被班主任用来处理班级日常事务。置于高密度和高强度的学科教学训练背景下，一周一节自由安排的班会课对于舒缓教师和学生日益紧张的神经也不无益处，进而为教师和学生所喜爱。但是作为学校教育的制度设计，班会课承担着特殊的教育功能，尤其是在现行教育体制下，班会课无疑承担了对学生实施全面素质教育以及提升班主任专业素养的重要作用。

班会课不同于思想品德课，它不以系统的学科知识学习为载体，而是以一系列学生主体实践活动为载体，是实现学生自主管理、自我教育的重要舞台。如果说学科教学凸显的是教师的专业引领作用，班会课则是为学生提供、搭建的发展平台，凸显的是学生的主体地位。正如课程改革所提倡的，把课堂还给学生，把班级还给学生。班会课应从学生身心发展规律出发，面对学生个体或班集体建设中存在的问题，运用学生喜闻乐见的形式，开展丰富多彩的活动，在集体活动中实现其特有的教育价值。因此，在学校教育制度设计中，班会课的功能定位是一种综合实践活动，对于学生的身心发展具有特殊且重要的教育作用。如果说作为显性课程的思想品德课主要付诸正面的、直接的道德教育，而班会课作为一种隐蔽课程，主要是通过一系列学生喜闻乐见、自主组织和实施的以班级作为载体的活动，通过学生自己的力量开展自我教育，潜移默化地对学生的思想品德及其行为习惯产生影响作用。因此，在班会课的组织和实施上，有经验的班主任往往放手让学生自己锻炼、提高自己各方面的能力，进而将学校的教育要求转化为学生自己的发展需要，通过做中学的方式，将良好的行为习惯、道德要求付诸实践。这样的教育作用恰恰是现在的学科教学所欠缺的，也是班会课特有的功能定位和价值追求。当然，仅仅依靠班主任一个人的力量，仅仅依靠每周一节的班会课，想要实现这样的教育目标是远远不够的，还需要在制度化的学校生活中为学生身心全面健康发展，释放更多的时间和空间。

二、班会课主题化、系列化的实践探索

"为了每一位学生的发展"作为新课改的基本理念，除了付诸学科教学外，还体现在学校教育的整体规划与设计中。班主任的创新实践活动作为一个重要组成部分，具体体现为班会课的主题化、系列化的实践探索，进而成为学校德育创新的重要突破口。

班会课的主题化、系列化、课程化的设计思路是，班主任从学校德育工作的整体安排和需要出发，结合不同年段学生的身心发展特点以及班级发展实际水平，对班会课做出整体性的设计与规划。从不同年龄阶段学生的生理心理发展特点以及学生的学习和生活实际出发，设计一系列学生喜闻乐见的活动，通过多种方式满足他们的各种发展需求，解决他们的具体问题，从而促进其身心健康、生动活泼地发展。这既可以避免班会课的随意性和无效性，又可以有目的、有计划地实施与开展班级教育活动，促进学生的个体发展和集体发展。而在持续开展一系列班级教育活动中，在班主任为学生有意识地搭建的发展平台上，学生可以尽情地展示自己、锻炼自己。班主任得以全面深入地了解学生，更容易走进学生的心灵深处，从而有效地促进学生身心全面和谐发展。在深入了解与研究学生的过程中，在结合班级特点开展的一系列富有创意的活动过程中，班主任的班级教育风格逐步形成，自身的专业知识和能力也得到了发展。

因此，一些热爱教育工作，有理想、有追求的优秀班主任在班会课的设计与组织上，开展了一系列的实践探索。例如，南京市建邺高中的袁子意老师将高中三年的班会课设计为"六大主题，七个活动系列"。六大主题分别

是：理想、感恩、团队民主、亲职、学习指导、意志；七个活动系列包括：规划高中系列、学习指导系列、生涯设计与理想教育系列、快乐高中系列、集体主义与团队精神教育系列、感恩与责任教育系列、意志教育系列。其中部分内容包括：规划高中系列——让学生对自己高中三年如何度过有所规划，有计划、有准备地安排好高中生活；学习指导系列——通过教师引导或与同学交流，对学生进行学习方法指导，提高学习效率；生涯设计与理想教育系列——引导学生对未来人生进行规划，激发学习的热情和动力；快乐高中系列——对高中生进行心理指导，让他们在高中保持健康的身心，在奋斗过程中既体验失败的痛苦也感受成功的快乐……这些契合学生实际的活动设计既放飞了学生的心灵，激发了学生自主发展的积极性和创造性，同时也让学生的心智水平和社会化能力得到了极大的提升。

随着教育实践的不断推进，班会课的设计与组织能力作为班主任的一项重要基本功和专业化内容，正在受到越来越多的关注。许多地方教育主管部门也将开展班主任基本功大赛和优秀班会课设计方案的评选，作为提升班主任专业化水平、促进班主任队伍建设的重要举措。无论是班主任的主动实践，还是教育主管部门的高度重视，班会课的主题化、系列化探索都可视为基础教育改革中全面落实素质教育的具体体现。当然，这样的探索和努力对于改变今天的教育现状还显得远远不够。班会课的研究与实践，以及班主任专业化的进程，还有待于学校整体教育环境的改善与变革。

三、班级教育空间的有效拓展：班会课的社会学意义

班会课作为一门综合实践课程，作为一种隐蔽课程的道德教育，其特殊的功能定位决定了班会课具有广阔的拓展空间。通过班会课，体现和践行生活德育的理念，强化和促进学生良好行为习惯的养成，在丰富多彩的实践活动中让学生过有道德的生活，并在生活中践行美德，进而拓展了学校和班级的教育空间，成为道德教育改革不可忽视的重要组成部分。作为一种隐蔽课

程的道德教育，其社会学意义具体体现为：班会课不仅成为学生自主发展和展示的舞台，还成为联系家庭、学校、社区的桥梁和纽带，一切对学生发展有利的教育资源都可引入其中。如请家长主持班会课，家长得以了解学校、班级教育的规定与要求，积极配合班主任做好学生的教育工作；请社区工作人员介绍社区发展需要，可以吸纳学生参与社区环境的治理，进而增强学生的公民意识和社会责任感；邀请学校领导、科任教师参与班会课的设计与组织，有助于形成班级教育合力；将现代生活元素引入班会课，使班会课成为学校教育与现实生活联系的纽带和桥梁，如民主选举班干部，学生自由竞选班委会，班级重大事务公开制，举办社会热点问题大讨论，学生辩论赛等，培养现代公民的参与意识和参与能力等。

对于班主任而言，班会课并非仅仅具有德育功能，更不是独立于学科教学之外的另类活动，或游离于整个学校教育之外的旁门左道，否则在学校教育中会受到孤立，进而无法得到学校、学生家长和学生本人的认可。从上述例举的班会课主题化、系列化的内容设计来看，它是对于学生一生发展的全面规划，其中重要的是对学生学习生活的有效指导，对人生理想信念的培养，以及对学习动机的有效激发。同学科教学相比，不是孤立地抓学生考试成绩，而是定位于学生身心的全面健康发展和有效指导；不是从教师和成人意志出发，而是站在学生的立场上，从学生主体发展的需要出发，进行班会课内容的整体设计与思考，进而实现教育过程中学生角色的转化，即从被动的接受式学习转化为主动的探究式学习。通过学生的角色扮演，丰富学生的道德认知和情感体验，变单一的认知活动为综合的体验式活动，从而改变学生的学习品质，提高学生的学习质量。丰富多彩的实践活动，成为学生个体社会化的重要内容。他们在活动中学会了分工合作，倾听他人的意见，习得了做人的道理，提高了做事的能力。特别是对那些学习成绩差、在班级中长期处于不利地位的边缘人群而言，通过活动，有助于发现和展示他们的兴趣爱好和特长，进而影响其对自己人生道路的选择，有效促进个体的社会化和个性化发展。班会课的社会学意义需要人们在实践中不断加以认识，并予以充分体现。

  总之，从学校教育实际出发，关注学生发展需要，为学生喜闻乐见的班会课实践活动拓展了班级教育的视野，延展了学校教育的空间，从学校、班级走向家庭、社区和网络，丰富了班主任的教育手段和途径方法，为学校教育、班级教育开辟了一个崭新的发展空间。为此，教育主管部门和学校管理者应给予极大的鼓励和支持，将班会课的主题化、系列化设计纳入学校教育的整体规划和设计，将其作为学校德育、班级德育校本化课程建设的一部分，进而调动班主任和全体教师开发此类课程的积极性和创造性，从而为学生身心全面健康发展营造一个宽松和谐的教育氛围。这不仅是班主任的任务，更是每一位教育工作者不可推卸的责任。通过班级德育、学校德育校本化课程的开发与实践，有助于实现教师从单一的教书角色向育人角色的转变，以及学校教育品质的整体提升。

30. 班级社会空间：作为一种隐蔽课程的道德教育

在基础教育日益追求精致化、考试化的今天，道德教育越来越被建构成为一门知识性的学科，被纳入对学生的考量中，而作为一种内在品质的德性，却因无法考量而得不到相应的重视。

随着升学考试压力的不断增大，教师、学生的生存状态在不断恶化，作为一种隐蔽课程的学校道德教育与在课堂上实际灌输的道德教育形成了巨大反差。这样一种"说与做"之间、理论与实践之间的分离造成的直接危害就是，现在中小学生理想信念的缺失，对于学校正在进行的说教式教育普遍抱持怀疑态度，一旦走入社会，则缺乏理想抱负，进而沦为世俗社会的庸人。

改变这一教育现状的路径并不局限于品德课本身，而是学校的整体文化生态，以及社会外部环境的改善。正如回归生活道德教育改革所秉持的"教育即生活"的理念，对学生进行怎样的教育，就要让学生过怎样的生活。生活德育最直接的体现就是学校生活、班级生活。以往人们对于基础教育改革、道德教育改革的理解，更多地诉诸课堂教学本身。其实，教育教学理念不仅体现在教师的课堂教学实践中，更重要的或更直接的还体现在班主任的班级经营理念中，即班主任为学生营造了怎样的班级文化氛围。

班级作为学生重要的社会化场所，承载着对学生进行全面教育的社会化功能。班级是学生成为社会人的重要环境。个体要生存发展，必须首先适应社会，实现个体的社会化。班级作为一个小社会，对学生个体的社会化起着重要的促进作用,具体表现为:为学生提供了提高"做事"能力、学习"做人"之道、获得"价值"启蒙的场所和机会,推动个体社会化的日趋成熟,为以后适应真正的社会生活打下基础。同时,班级还是学生发展个性的重要环境。有人说,没有个性的民族是没有希望的民族,有了丰富多彩的个性,就有了丰富多彩的创造力,就有了生命的蓬勃生机。促进学生个性全面和谐发展是时代的呼唤。良好的班级生活中,丰富多彩的集体生活、文体活动,能够促进学生个体不同能力、不同兴趣爱好的发展;各种形式的人际交往,能够促进学生自我意识的发展和健康个性品质的形成,从而形成个体的独特个性。

班级社会空间作为一种隐蔽课程的道德教育,对于学生的身心发展发生着直接的影响作用,这种作用往往胜过课堂上的知识学习。即使是知识学习,也是发生在师生之间、生生之间的交往性活动,而不是学生与书本知识之间单向度的关系。因此,本文尝试从道德教育社会学的角度,对目前班级社会空间存在的问题进行分析,对于班级社会空间所蕴含的道德教育功能及其实现可能加以梳理,以期对教育实践有所启示。

一、考试主义取向下的班级文化生态

本文将"升学考试成绩成为上级教育主管部门考核学校、学校考核教师的唯一指标的价值取向"命名为考试主义。考试主义并非教育主管部门、学校独立为之,而是整个社会价值取向、用人机制的集中体现。例如,好的考试成绩意味着好的大学,好的大学意味着好的工作,好的工作意味着好的生活,这样的内在逻辑在现代社会愈演愈烈。在利益纷争的现代社会,对于绝大多数并不拥有各类社会资本的普通家庭而言,子女上大学几乎成为他们改变个人命运、家庭命运的唯一寄托,社会竞争的压力不断转嫁给基础教育,最终导致了愈演愈烈的升学竞争。在如此残酷竞争的压力下,教师、学生生存状态不断恶化的现实已经无须辩驳。

考试主义取向下的学校教育被迫走上一条精致的功利主义道路，凡是有利于学校在竞争排名中获得优胜地位的做法都被视为合理合法的，为此可以置学生的身心健康于不顾，并美其名曰"这样做都是为了你好"，为了一个不可确知的美好前程不惜牺牲学生当下的身心健康。近年来，中小学生身体素质普遍下降，高年级学生长跑猝死现象屡有发生，就是最好的例证。这样的考试文化最终导致了教育中对于人、对于人性的漠视。

残酷而现实的考试文化作为一种隐蔽课程的道德教育，已经不仅仅局限于学校教育，而是弥漫在整个社会的评价机制和用人机制中。社会现实往往胜过一切道德说教，当然也包括对于社会理想、教育理想的信奉与追求。考试主义的畅行无阻导致班级文化生态的恶化以及班级社会空间功能的被扭曲。

（一）班级物理空间的功利化

考试主义的价值取向导致学校评价中的分数至上现象，巧立名目的各种重点班、实验班普遍存在。有的学校将班级按照考试成绩排名依次编班，班主任则按照学生的考试成绩安排班级的座位，美其名曰"尊重学生的个体差异"。这样的做法与学校大力提倡或言说的"关爱每一个、尊重每一个"的说法往往背道而驰。有的班主任则把对学生的日常管理，如卫生值日、课堂纪律、完成作业情况的考量转化为虚拟货币，让学生用来购买不同位置的座位，将班级空间中的座位转化为一种筹码和管理资本。座位、分数的意义和价值不断被强化和建构起来，其直接后果就是，学生学习目的和动机的日渐功利化，一切围绕考试，一切为了考试。基础教育阶段的残酷竞争，与大学阶段大学生普遍的厌学、逃课、混文凭现象形成鲜明对比。

（二）班级心理空间的规训化

优质高效管理成为好的升学成绩的代名词。所谓的名校，大多是在这场残酷的升学竞争中取得优胜权的佼佼者；所谓的向名校学习，不是学习先进的教育管理理念和教育教学经验,而是希望找到一条提高成绩的捷径,于是,基础教育领域出现了"向名校学习"的乱象:尚未取得优胜权的普通学校纷纷组织一批批管理干部到一些名校取经,而所谓的名校则演变出一条新的产业链,向来参观的人员收取高额门票,正所谓"愿者上钩"。几乎每所学校都制定了一系列细化的毕业班教学质量管理办法和奖励办法,名为提高教学质量,实则为了完成上级主管部门下达的升学指标。

在这种前提下,学校形成了一整套高效管理、精致管理的做法,如提出"向课堂45分钟要质量"、中高考倒计时、誓师大会、宣誓仪式,强调严明的纪律和整齐划一的课堂秩序。"学校不出事,课堂不能乱"成为最高管理法则。于是,班级管理中出现了为所谓"差生"设立的"教室里的特殊座位",以及大量的惩戒性班规:从扣分、罚抄到精神性的惩罚,如对于犯错误的同学,全班同学注视10秒钟;班长放学后搜查学生书包;犯错误时,无条件接受教师的批评教育;对于班规不容申辩等霸王条款。而精致的管理主义往往同好的秩序、好的升学成绩建立起联系,进而在教育评价中不断得到强化。管理主义取向建构的学生行为表现往往是对规则的屈从与行为的墨守成规,进而导致独立思考能力和判断能力的丧失。

(三)学生主体参与意识受到抑制

在极端狭隘的教育评价体制下,师生之间真正具有教育意义的交往性活动往往是缺失的。班主任除了完成自己的教学任务外,还要完成学校各个职能部门下达的各项任务,处理班级的各项事务性工作,大多只是疲于应付,很难抽出身来深入了解学生,研究学生。班主任对学生的关注度不够,学生的个体差异性和生命状态往往是被漠视的,如班主任从未与班上某同学谈过话,从未关注过某同学,课堂上从未提问过某同学等现象大量存在。在高中阶段,60%~70%的班级从未组织过任何班级集体活动,班会课大多改为自习课,绝大多数同学从未参加过班级黑板报的编写工作等。班级更多的情况下是作为一个教学单位、管理单位,其特有的社会化功能与育人功能往往被忽略了。学生被置于班级公共生活之外，进而导致学生对班级公共事务以及社会公共生活的冷漠。

二、班级社会空间的主体建构

即使是在今天这样一个价值唯一的教育评价体制下，我们也欣喜地看到，仍然有一些校长、班主任在坚守自己的教育理想，努力为学生营造一个尽可能健康的生活环境、学习环境。正如一位班主任对自己的学生所说的那样，假如整个世界都放弃了你，班主任这里就是你最后一个安全的港湾。这样的理想与信念激发了班主任不老的激情和教育智慧。他们用自己对教育的热情和智慧为学生营造了宽松和谐的班级文化生态。

（一）创新班级管理制度，营造和谐班级氛围

在班主任专业化的背景下，班主任在整个班级教育教学活动中的组织者、领导者的地位不断得到强化，而学科教师往往游离于班级教育氛围之外。学科教师育人意识和功能的丧失，导致对学生进行教育管理的职能往往落到班主任一人身上，教书与育人的分离导致学校道德教育的效果大打折扣。这种现象的普遍存在可谓班主任专业化的悖论之一。

在班主任专业化进程中，如何在提高班主任自身专业意识与能力的同时，强化全体教师的育人意识，并通过制度建设加以保证，这是一些有远见卓识的学校管理者正在深入研究与探索的问题。如南京外国语学校仙林分校将班主任一人负责制改为班级教育小组集体负责制，由班级教育小组成员集体负责班级教育管理，实现班级重大活动分工合作、学生问题集体诊断。通过制度创新，整合了班级学生、家长和任课教师的教育力量，让班级教育效果实现最大化。与之相似，有的学校实行副班主任制或德育导师制，让更多的教师参与到学生的教育管理中，实现教书育人的内在统一。只有一个合作的教师团队，才能构建一个和谐的班级教育氛围。

在班级社会化功能与个性化功能的实现过程中，班主任也在践行着自身的专业化和社会化过程，如班主任把怎样的班级经营理念带给学生，在班级这样一个社会空间里，班主任如何与学生相处、与同事交往、与外部世界建立联系，人际之间的信任度、融洽度如何，如何将社会、学校的要求转化为学生的自主实践等。班主任的人格魅力、专业知识与技能、自身的社会化水平等，都可以在自己的班级教育实践中得以具体体现。因此，班级教育实践成为班主任自身社会化过程的重要组成部分。

（二）通过班级活动培养学生自主管理能力

班级活动承载着班集体建设、班级文化营造、班级人际关系建立的全面功能，创造性地开展班级活动的能力，是班主任专业知识技能的具体体现。一些优秀班主任在班级活动的主题、内容、活动形式等方面做了大量的尝试与创新，例如，有的班主任结合学生身心发展规律与不同学段的学习特点，以及班集体建设水平，开设主题化、系列化、课程化的班级活动；将班会课的主动权交给学生，增强学生对班集体的责任感和认同感；由家长轮流主持的班会课，既充分开发和利用了家长资源，也起到了家校沟通与合作的作用，有助于家庭、学校教育合力的实现。从学校、班级物质环境的布置，到学校文化、班级文化的营造，再到规章制度的建设，都体现了以人为本的教育观念和对学生的普遍尊重。一些学校制定实施了一系列学生自主管理的办法。如学生代表大会制度，学生可以参与学校重大事情的决策；学代会每年向校务委员会提交提案，校方需要向学代会一一做出答复。学生自主管理班级各项具体事务，从班规的制定、执行，班级发展目标的制定，到班级各种奖励制度的出台，卫生、体育、纪律等的监督执行等都交给学生自己处理，将班级建构成学生的自治组织。班级学生自定班规，以小组或个人方式提出本班应建立哪些班规，全班表决通过后，由学生自己监督执行。

(三)班级社会空间的拓展与改造

通过上述分析可知,班级社会空间的营造在很大程度上依赖于学校乃至社会外部环境的改造。尽管基础教育改革中还面临着一系列的阻力和困难,教育评价制度和学校办学体制还存在这样那样的问题,但是教育主管部门和学校在各自的实践领域中仍然有着一定的独立创造空间。例如,许多地市的教育主管部门在推进教育均衡化方面做出了自己的尝试与探索。以南京市为例,在应试教育残酷竞争的压力下,南京市教育局不断创新教育观念和办学理念,另辟蹊径,为大批薄弱学校指出了一条新的发展道路,即走小班化教育的发展道路,为平民子女提供优质的教育服务。尽管在小班化教育的评价机制上还有待于进一步完善,但仍能感受到教育主管部门也在努力有所作为。

总之,班级社会空间蕴含着丰富的道德教育资源。基础教育改革、道德教育改革最终要通过学校生活、班级生活的整体改造得以实现。学校和班主任应增强对班级社会功能,尤其是道德教育社会化功能的认识,通过教育理念、教育方式方法的不断创新,为广大中小学生营造一个有利于身心健康发展的人性化的班级教育环境。

31. 规矩与方圆
——重新解读"班规"*

"班规形同虚设,怎么办",是班主任工作中经常遇到的问题之一。在回答"怎么办"这一操作层面的问题之前,首先让我们回到问题本身,从改变我们的思维方式入手。对于班规问题,可以从以下方面进行深入思考。

一、班规为谁而设,因何而设?

首先是为何制定班规的问题。对于很多班主任而言,班规产生的初衷是,在面对班级大量的日常而烦琐的教育和管理工作时,班主任往往分身无术,希望通过制定班规来落实班级的各项规定和要求。在班主任的视野中,班规往往是为了约束学生而产生的,起到的是班主任代言人的作用,班规对于班主任而言无疑成为班主任个人权威的化身。或者说,班规的产生往往来自班主任单方面的诉求,希望班规一经建立,就能产生立竿见影的效果,却很少考虑班规自身的合理性以及学生的需要。"班级是否需要班规,班规为谁而设,因何而设"的问题,需要引起班主任的思考。

如果仅仅是出于班级管理的便利,这样的班规只是为班主任一人而设

---

*本文系 2011 年度教育部人文社会科学重点研究基地重大项目"青少年交往与道德学习的社会学研究"(项目批准号:11JJD880019)的系列成果之一。

的。班规对于班主任的意义，与对于学生的意义可能是完全不同的。在实际工作中，班主任对于班规的态度和认识也各不相同。对于许多班主任而言，学生只要做到《中小学生守则》的要求，遵守校规校纪，班级并不需要制定特别的班规。如果是出于学生发展的需要，我们需要思考，学生需要什么样的班规呢？

二、学生需要什么样的班规？

班规对于学生而言，究竟意味着什么？我们曾在大学生中做过调查："你们印象中的班规是怎样的？"在很多人的记忆中，中小学的班规就等同于一系列的惩戒规定，从罚抄作业、罚站到请家长到学校，不一而足。班规实际上扮演了对学生日常行为进行规训和惩罚的作用。这一系列惩戒性的规定就构成了学生对学校生活特有的情感体验，导致很多学生害怕上学、不喜欢学校。这些负面的、消极的情绪和情感体验，导致很多学生厌学、不爱学习，且这个人群不仅仅是成绩中等或偏下的学生，甚至很多成绩好的学生也莫不如此。长期生活在高压力和消极情绪情感体验下的学生，学习的自主性和创造性是受到遏制的，以致进了大学以后，很多学生不爱学习，不会学习。这同基础教育阶段的学校生活体验有着密切的联系。站在学生的立场来看，学生需要的班规应建立在丰富学生对于学校共同生活、同辈交往生活的积极的情绪情感体验基础上，有助于以青少年为主体的社会生活共同体的建立。早在20世纪五六十年代，革命教育家徐特立就提出，班级应成为学生的自治组织，促进青少年学生的自主、自立、自治、自强。为此，许多优秀班主任在自己班级里设立了许多岗位，给每个学生创造参与班级自我教育、自我管理的机会和条件，建立班规、践行班规的过程成为学生自我管理、自我教育的过程。这对于青少年的社会化进程无疑具有不可取代的作用，而班主任则扮演一个指导者、辅导者、陪伴者的角色。

三、班规如何才能具有建设性?

小而言之,班规涉及班级能否建立良好的社会交往环境和共同生活秩序的问题;大而言之,形成班规、执行班规的过程,成为学生在学校教育过程中习得社会交往和社会秩序、体验民主平等的社会生活的社会化过程。班规对于学生而言,不应简单成为一系列机械化的流程,而是构成班级社会生活的重要组成部分。从班规的建立、执行以及修改、完善,学生都应该参与其中。班规的建立应从一味强调管理的成人视角,转变为自我教育、自主管理、注重民主参与的儿童视角;学生不是班规的简单执行者以及成人世界的规训对象;学生不仅仅是受教育者,还应是自己学校生活世界的参与者和建设者。班规在学生的社会化进程中不应仅仅扮演成人社会权威者的角色,而应成为学生参与其中的社会化过程,而且随着学生年龄的增长,参与班级建设的程度会更广泛深入。

四、班规如何建立?如何实施?

明确了班规为何建立、为谁建立等问题后,就进入了具体制定班规、实施班规的操作性环节。如前所述,班规的产生过程应建立在学生民主参与的基础之上。那么,班规是否要包罗万象,越全面越好呢?班规应该趋于简约,越简单越好,最好以学生喜闻乐见的方式表达,而不是成人化的刻板说教。班规应奖罚分明,以建设性为主。班规的制定过程应成为学生参与班级文化建设的过程。为此,班规的含义需要重新加以界定,即班规是由学生参与讨论、师生共同达成的关于班级共同生活的集体约定。班规一经建立,应相对稳定,不可朝令夕改,但也不是一成不变的,班规应随着班级和学生发展的需要而调整变化。例如,有的班主任在新学期开始就带领大家一起讨论:我们的班级需要什么样的班规?要求每位学生把自己认为最需要遵守的几条班规写下来，由班委会收集、汇总后形成最后的约定。经过一段时间后，根据班规的执行情况，再做出进一步的修订，进而形成人与班规之间灵活的动态的互动过程。总之，规章制度是由人制定的，也是为人服务的，不应成为异化的对象。

综上所述，"班规形同虚设"问题的提出，本身就透露出学校、班级教育和管理过程中长期形成的以追求效率为目标、强调整齐划一的传统管理模式和思维定式，即基于管理主义的价值取向，对班规采取简单化的功利主义态度。班规问题并不是一个执行效果不佳的简单操作层面的问题，而是涉及教育理念、管理方法与策略等多方面问题。班主任要想从大量的事务性工作中解放出来，不应简单地采取拿来主义的做法，从书本或其他优秀班主任那里学习一些简单的易于操作的做法，或者对班规做简单的加减法，而是要学会科学的理性思维，从多角度、多视角加以审视。本着以人为本、以学生为本的指导思想，从学生的发展需要出发，从本班的实际出发，将班规建设作为班级文化建设的重要组成部分。

图书在版编目（CIP）数据

学校德育与班主任专业成长 / 齐学红著. —上海：华东师范大学出版社，2017
ISBN 978-7-5675-6928-7

Ⅰ.①学... Ⅱ.①齐... Ⅲ.①中小学—德育工作—研究 ②中小学—班主任工作—研究 Ⅳ.① G631 ② G635.16

中国版本图书馆 CIP 数据核字（2017）第 227186 号

大夏书系·有效德育

学校德育与班主任专业成长

著　　者	齐学红
策划编辑	李永梅
审读编辑	任媛媛
封面设计	奇文云海·设计顾问
出版发行	华东师范大学出版社
社　　址	上海市中山北路 3663 号　邮编　200062
网　　址	www.ecnupress.com.cn
电　　话	021-60821666　行政传真　021-62572105
客服电话	021-62865537
邮购电话	021-62869887　地址　上海市中山北路 3663 号华东师范大学校内先锋路口
网　　店	http://hdsdcbs.tmall.com
印 刷 者	北京季蜂印刷有限公司
开　　本	700×1000　16 开
插　　页	1
印　　张	14.5
字　　数	203 千字
版　　次	2018 年 2 月第一版
印　　次	2024 年 12 月第八次
印　　数	17 101 - 18 100
书　　号	ISBN 978-7-5675-6928-7/G·10624
定　　价	45.00 元
出 版 人	王　焰

（如发现本版图书有印订质量问题，请寄回本社市场部调换或电话 021-62865537 联系）